뜻밖의 축복

뜻밖의 축복

지은이 | 조정민
초판 발행 | 2019년 9월 18일
6쇄 발행 | 2023. 5. 12.

등록번호 | 제1988-000080호
등록된 곳 | 서울특별시 용산구 서빙고로65길 38 두란노빌딩
발행처 | 사단법인 두란노서원
영업부 | 2078-3352 FAX 080-749-3705
출판부 | 2078-3331

책 값은 뒤표지에 있습니다.
ISBN 978-89-531-3602-1 03230

편집부에서 독자의 의견을 기다립니다.
tpress@duranno.com   http://www.Duranno.com

하나님 마음에
꼭 드는 복이
무엇인가?

뜻밖의 / 축복

조정민

두란노

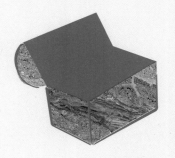

차례

복의 증인이 되는 삶

"예수님 믿으면 복 받습니다." 맞습니다. 저도 복 받았습니다. 그러나 뜻밖의 축복입니다. 예상이 빗나간 축복입니다. 제가 어렴풋이 기대했던 복과는 멀어도 한참 멉니다. 제 머리로는 생각 못 했던 복입니다. 하나님은 그런 복을 주시고자 합니다. 예수님을 보내서서 그 복을 펼쳐 보여 주셨습니다. 성경 곳곳에 그 복의 그림을 그려 주셨습니다. 성령을 보내 주셔서 그 복에 눈뜨게 하시고 그 복을 복으로 깨닫게 해 주셨습니다.

기복주의 신앙을 위해 기독교라는 종교가 더 필요했을까요? 세상의 숱한 종교인들이 약속하는 복을 받게 하기 위해 예수님이 끝내 십자가에 달리셨을까요?

장수가 복이라면 예수님은 복이 없습니다. 큰 집이

복이라면 예수님은 복이 없습니다. 세상에서 성공하는 것이 복이라면 예수님은 정말 복이 없습니다. 벌거벗겨진 채 손과 발에 못 박혀서 극도의 고통 속에서 신음하다 숨진 분에게 도대체 무슨 낯으로 의식주의 복이나 출세와 성공의 복을 구하겠습니까?

그럼에도 불구하고 "예수님 믿으면 복 받습니다." 맞습니다. 이해하기가 쉽지 않고 구하기도 쉽지 않은 복입니다. 성경을 살펴보니 그 복은 '다 모르고 떠나는 복'이고, '반복해서 뺏기는 복'이며, '장애를 갖고 사는 복'입니다. 그 복은 또한 '하나님의 꿈이 이루어지는 복'이자 '하나님 마음에 꼭 드는 복'입니다. 그러나 그 복은 '발에서 신을 벗는 복'인 동시에 '시기심에서 벗어나는 복'입니다. 이루 헤아릴 수 없는 복이지만 어느 것도 세상 사람들 머릿속에 가득한 그 복이 아닙니다.

이 시대 교회와 그리스도인은 기로에 섰습니다. 예수 믿으면 복 받는다고 계속해서 말해야 할지 아닌지 결정해야 하는 기로에 섰습니다. 만약 앞으로도 이 말을 반복하고자 한다면 우리는 정직하게 그 복이 당신들이 원하는 복이 아니라고 말해야 합니다. 그리고 예수님 믿고 누리는 복은 당신들 머리로는 생각조차 해본 적이 없는 복이라고 솔직하게 일러 주어야 합니다. 물론 그 말을 하기 전에 우리 모두 그 복을 받아 누려 보아야만 합니다. 그리고 충격적인 그 복으로 내 인생이 바뀌어야 합니다. 내가 누려 보지 못한 복을 어떻게 전할 수 있겠습니까?

세상은 여전히 그리스도의 복과 그 복에 대한 소식, 곧 복음을 필요로 하고 있습니다. 실은 그 복이 아니고서는 세상이 달라질 수도 없고, 나아질 수도 없고, 덫에서 빠져나올 수도 없습니다. 따라서 이 시대 그리스도인들에게도 초대교회에 주어졌던 것과 동일한 사명이 주어졌을 뿐입니다. 땅끝까지 이르러 그 복의 증인이 되는 삶과 그 복을 증언하는 일입니다. 오직 이 한 가지만 생각하고 사는 사람들을 세상은 감당하지 못합니다. 교회가 세상을 바꾸고 이긴 방법입니다.

저는《뜻밖의 축복》을 통해 많은 믿음의 형제자매들이 신앙의 능력을 회복하게 되기를 간절히 바랍니다. 이 작은 책이 무슨 도움이 될까 싶지만 물 떠온 하인의 심경으로 잠잠히 기다립니다.《뜻밖의 축복》은 두란노가 올해 제게 안겨 준 뜻밖의 축복입니다. 오래전 베이직교회 아름다운 동행 예배 때 나누었던 말씀을 풀어서 두란노 가족이 원고로 옮겨 주지 않았다면 출간될 수 없었을 것입니다. 늘 감사의 말로는 부족함을 느끼지만 두란노에 진 사랑의 빚을 낯모르는 독자를 통해 갚을 수 있다는 꿈을 버리지 않습니다.

2019년 9월
숱한 이들이 복에 목마른 서울 도심 속에서
조정민

1장

다 모르고
떠나는 복

방향이 옳다면 믿고 떠난다

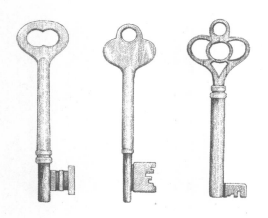

성경에는 복에 관한 이야기가 참 많습니다.
그런데 그 복은 많은 사람들이 추구하는
복과 본질적으로 다릅니다.

하나님이 주시겠다는 복은 무엇입니까?
바로 '내가 복이다'입니다.

누구나 복에 목마르고 복을 받고 싶어 합니다. 그런데 복이 무엇인지도 모르고 갈망하게 되면 진정한 행복을 누리지 못합니다. 성경에는 복에 관한 이야기가 참 많습니다. 그런데 그 복은 많은 사람들이 추구하는 복과 본질적으로 다릅니다.

오늘날 크리스천이 무기력해진 것은 성경적인 복을 구하지 않고 세상이 추구하는 복을 구하기 때문입니다. 교회도 마찬가지입니다. 초대교회 시절 교회는 세상을 바꾸어 놓는 능력이 있었습니다. 그런데 이토록 무기력한 크리스천과 교회가 된 데는 누군가의 계략이 숨어 있는 것이 분명합니다. 그 계략은 단순합니다. 성경이 가르치는 복과 전혀 다른 복, 타락한 세상이 갈망하는 복을 추구하게 만드는 것입니다. 놀라운 사실은 대다수 크리스천이 우리의 신앙이 변질되었다는 사실조차 모른다는 것입니다. 과연 우리는 어떤 복을 추구하고 있으며, 이는 하나님이 주시고자 하는 복과 어떻게 다를까요?

당신이 '복'이다

> 하나님이 그들에게 복을 주시며 하나님이 그들에게 이르시되 생육하고 번성하여 땅에 충만하라, 땅을 정복하라, 바다의 물고기와 하늘의 새와 땅에 움직이는 모든 생물을 다스리라 하시니라 창 1:28

성경에서 처음 나오는 복에 관한 말씀입니다. 하나님이 창조하신 피조 세계를 흐뭇하게 바라보시며 우리 인간에게 이 땅을 다스리라고 하십니다. 모든 권한을 우리에게 위임하신 것입니다. 어느 회사에 취직했는데 사장이 모든 권한과 책임을 나에게 위임했다면 그보다 더 큰 특권이 어디 있겠습니까? 물론 권한에는 막중한 책임도 따르게 마련입니다. 하나님은 당신이 지으신 모든 피조 세계를 우리에게 맡기셨습니다. 이보다 더 큰 특권이 없으며 이보다 더 큰 책임도 없습니다.

그런데 하나님은 한 가지 하지 말아야 할 제한을 두심으로써 우리가 단지 위임받은 청지기임을 분명히 하셨습니다. 바로 선악과를 먹지 말라고 하신 것입니다. 그러나 첫 사람 아담은 이 청지기 직분을 망각하고 스스로 하나님이 되고자 하는 유혹을 이기지 못했습니다. 아담과 하와가 에덴에서 쫓겨나고 죄의 노예로 전락한 결과 아담의 후손이 늘어날수록 세상은 죄로 번창하게 되었습니다. 인간의 모든 계획이 항상 악하기만 해서 도저히 견딜 수 없는 지경에 이르렀을 때 하나님은 대홍수로 피조 세계를 심판하셨습니다.

그러나 심판은 끝이 아닙니다. 심판은 구원이라는 거대한 그림의 일부입니다. 하나님은 노아와 그 가족을 인류의 그루터기로 남겨 두셔서 다시 복을 주십니다. 하지만 얼마 가지 못해 인류는 다시 바벨탑 사건을 일으킵니다. 바벨탑은 인간의 교만이자 인간의 자랑입니다. 또한 죄악된 인간의 한계입니다. 내 힘으로 하나님의 높이에 이를 수 있다는 자랑이자, 인간이 연합해서 하나님을 대적할 수 있다는 교만입니다. 바벨탑은 인간이 스스로의 힘으로 자기를 드러내고자 하는 욕망의 크기를 보여 줍니다.

오늘날 세계에서 가장 높은 건물인 버즈 칼리파는 놀랍게도 사방이 전부 사막인 두바이에 그 자태를 드러내고 있습니다. 실제로 그 빌딩을 본 제 느낌은 '기괴하다'였습니다. 사막 한가운데 버티고 서서 세상을 발아래 둔 것처럼 우뚝 솟은 빌딩을 보면서 '인간의 교만이 이런 것이구나' 싶었습니다. 사막에 그렇게 높은 건물을 지을 이유가 어디 있겠습니까? 더 이상 높은 건물은 허락하지 않겠다는 듯이 홀로 돋보이고 싶은 욕구, 한껏 뽐내고 싶은 욕구가 거기에 그렇게 서 있습니다. 그러나 하나님은 하나님처럼 높아지고자 하는 인류를 그냥 보아 넘기지 않고 모두 흩으셨습니다.

그런 뒤 하나님은 중대한 결정을 내리십니다. 스스로

를 한없이 높이고자 하는 인류의 욕망 앞에 하나님은 한 사람을 불러세워 그를 한껏 높이고자 하십니다. 창세기 12장은 하나님이 우리에게 어떤 복을 주시려는지를 분명히 가르쳐 주고 있습니다. 우리는 이 말씀을 통해 하나님이 왜 우리를 부르시는지, 우리를 통해 무슨 일을 하고 싶어 하시는지를 알 수 있습니다.

> 여호와께서 아브람에게 이르시되 너는 너의 고향과 친척과 아버지의 집을 떠나 내가 네게 보여 줄 땅으로 가라 … 이에 아브람이 여호와의 말씀을 따라갔고 롯도 그와 함께 갔으며 아브람이 하란을 떠날 때에 칠십오 세였더라 창 12:1, 4

하나님이 한 사람을 찾아가십니다. 그는 갈대아 우르 사람, 아브람입니다. 갈대아 우르는 오늘날 이라크 지역입니다. 특별할 게 하나도 없는 아브람을 통해 하나님은 신인류 창조를 위한 새로운 프로젝트를 시작하십니다. 아브람을 복 그 자체로 만들어 복의 근원으로 삼는 계획입니다. 이후로 인류가 모든 복을 아브람으로부터 얻게 되는 계획입니다.

그런데 놀랍게도 평범하기 이를 데 없는 사람 아브람이 하나님의 제안을 수락했습니다. 고향과 친척과 아버지의 집을 떠나면 복을 주겠다는 하나님의 제안에 아브람이 흔쾌히 화답하면서 길을 나선 것입니다. 고향과 친척과 아버지의 집을 떠난다는 것은 당시로서는 목숨을 담보로 내놓는 위험천만한 일이었습니다. 지금이야 수없이 이사를 다니고 심지어 이민도 가지만 주전 2천 년 전에 이라크 지역에서 팔레스타인 지역으로 이주한다는 것은 좀처럼 결단하기 힘든 일이었습니다.

아브람은 고향 땅을 떠나면 복을 주겠다고 약속한 분이 누구인지도 정확히 몰랐을 것입니다. 더구나 큰 민족을 이루게 하겠다는 약속의 실체가 무엇인지 당시의 아브람은 상상조차 할 수 없었을 것입니다. 지금 우리는 그 약속이 성취된 세상에서 살고 있지만 그때의 아브람은 아마도 막연한 느낌밖에 없었을 것입니다. 그런데도 아브람은 고향을 떠났습니다. 아브람은 바로 이 '떠남의 복을 받은 사람'이었습니다.

사실 우리도 이 떠남의 복을 경험합니다. 결혼하여

부모를 떠나는 것이 그것입니다. 아내와 남편이 배우자를 믿고 부모를 떠나는 것이 과연 복이 되는지는 아무도 장담할 수 없습니다. 그럼에도 우리는 상대를 믿고 아버지의 집을 떠납니다. 물론 우리가 배우자와 결혼하기 위해 아버지 집을 떠나는 것과 아브람이 하나님을 믿고 아버지 집을 떠난 것에는 차이가 있습니다.

배우자는 하나님과 다릅니다. 배우자는 내가 그를 통해 복을 받고 싶어 하듯이 그도 나를 통해 복을 받고 싶어 합니다. 이 이해관계가 충족되지 않으면 결혼이라는 특수한 관계는 깨지고 맙니다. 그러나 하나님은 우리를 통해 무언가를 얻고자 하지 않으십니다. 다만 하나님이 우리에게 일방적으로 복을 주겠다고 결정하신 것입니다. 이것이 바로 하나님이 주고받는 계산 위에 세워지는 인간관계를 갈아엎고 일으키신 관계 혁명입니다.

그렇다면 하나님이 주시겠다는 복의 내용은 무엇입니까?

내가 너로 큰 민족을 이루고 네게 복을 주어 네 이름을
창대하게 하리니 너는 복이 될지라 너를 축복하는 자에

게는 내가 복을 내리고 너를 저주하는 자에게는 내가 저

주하리니 땅의 모든 족속이 너로 말미암아 복을 얻을 것

이라 창 12:2-3

지금은 아들 하나 없지만 네가 큰 민족을 이룰 것이라고 말씀하십니다. 네가 재벌이 되는 그런 복이 아니라 영원히 네 이름이 기억되는 복을 주겠다고 약속하십니다. 여기서 중요한 것이 '너는 복이 될 것'(You will be a blessing)이라는 언약입니다. 하나님은 복을 주실 뿐만 아니라 너 자체를 복이 되게 하겠다, 네가 바로 복이라고 선언하십니다.

내가 바로 복인데, 누구에게 복을 달라고 매달리겠습니까? 세상 무엇에 매일 필요가 있겠습니까? 하나님의 신인류 프로젝트의 핵심은 바로 '내가 복이다'라는 이 한 가지 사실입니다. 내가 복이기 때문에 나는 더 이상 누구에게서나 어디에서나 복을 찾아다니지 않습니다. 이것이 믿음의 출발 지점입니다.

아브람은 이 말씀 한마디를 믿고 멀고 위험한 길을 떠났습니다. 믿음은 이런 것입니다. 지금 내 눈앞에 보이지 않는 미래의 현실을 믿는 것입니다. 빤히 내 눈앞에 보

이는 현실을 믿는 것은 믿음이 아니라 현재를 확인하는 것입니다.

이때 가장 중요한 것은 누구를 믿느냐는 것입니다. 결혼만 하면 손에 물 한 방울 묻히지 않게 해주겠다는 상대의 말을 믿었다가 낭패를 본 사람이 얼마나 많습니까? 여기 투자하면 큰돈을 벌게 해주겠다는 사기꾼의 말을 믿었다가 망한 사람이 얼마나 많습니까? 나를 믿고 따르면 반드시 인기를 얻게 될 것이라는 말을 믿었다가 모든 것을 잃어버리는 젊은이가 얼마나 많습니까? 사람 말은 아침과 저녁이 다르고 오늘과 내일이 다른 것이 상례입니다. 사람은 믿음의 대상이 아닙니다. 믿음의 대상은 오직 하나님이어야 합니다. 이것이 헷갈리면 큰일 납니다.

하나님은 약속대로, 아니 그보다 훨씬 더 크게 그 약속을 성취하셨습니다. 하나님은 아브람에게 아브라함이라는 새 이름을 지어 주시고 실제로 여러 민족의 아버지가 되게 하셨습니다. 아브라함은 수천 년이 지난 지금도 세상 곳곳에서 널리 기억되는 이름이 되었습니다.

하나님의 약속대로 아브라함은 복의 사람이 되었습니다. 그런데 중요한 것은 이 약속이 우리에게도 해당된다는 사실입니다. 그래서 오늘날 모든 크리스천은 복을 구할 필요가 없습니다. 우리 자신이 복이 되었기 때문입니다. 더구나 그 복은 나에게 머물러 있는 게 아니라 나를 통해 세상으로 흘러갑니다.

하나님을 알기 전 25년 동안 저는 누구보다 성실하게 돈을 벌던 사람이었습니다. 돈을 벌지 않으면 큰일 나는 줄 알았습니다. 온 가족이 내가 버는 돈으로 사는 줄 알았습니다. 하지만 신학을 공부하러 외국에 나가 있는 동안 저는 돈을 벌어 본 적이 없습니다. 돈 때문에 기도한 적도 없습니다. 그런데도 때를 따라 필요가 채워졌고 전처럼 풍족하지는 않지만 부족하지도 않았습니다.

놀라운 사실이 있습니다. 하나님이 약속하신 것을 내가 믿음으로 받아들이면 그 믿음은 현실의 사건이 됩니다. 바로 내가 복이 되는 '복 사건'입니다. 크리스천이 사는 동안 겪는 모든 경험은 그 자체로 복된 사건입니다. 손해를 보아도 복이요, 모함을 받아도 복이요, 쫓겨나도 복이요, 병들어도 복입니다. 왜 그렇습니까? 우리 자신이 복이 되었기 때문입니다. 바로 이 '복 사건' 때문에 크리스천은 아무리 억울하고 분해도 보복할 필요가 없습니다.

하나님이 우리를 저주한 그 사람을 저주하실 것을 약속하셨기에 내가 그 과거에 묶여 있을 이유가 없습니다. 이 언약을 믿는 것이 믿음입니다.

복에 대한 오해와 진실

> 복 있는 사람은 악인들의 꾀를 따르지 아니하며 죄인들
> 의 길에 서지 아니하며 오만한 자들의 자리에 앉지 아니
> 하고 오직 여호와의 율법을 즐거워하여 그의 율법을 주
> 야로 묵상하는도다 시 1:1-2

복 있는 사람은 악인의 사고방식을 좇지 않습니다. 또 죄인들의 길을 따르지 않으며, 오만한 자들의 자리를 넘보지 않습니다. 그러나 세상은 누구를 복 있는 사람이라고 생각합니까? 하나님의 복을 누리는 사람들이 가지 않는 길을 복되다고 생각하지 않습니까? 그런데 혹시 하나님의 복을 아는 사람들마저 악인들이 잘되고 승승장구하며 높은 자리에 오르는 것을 부러워하지는 않습니까?

그뿐만이 아니라 그들이 가는 길을 앞질러 가고 그들이 앉은 자리보다 더 높은 자리에 앉게 해달라고 떼를 쓰며 기도하지는 않습니까? 이것은 마치 복 있는 사람이 복 없는 사람이 가는 길로 가고자 안달하는 것과 같습니다.

성경은 물질과 명예와 권력을 갖는 것이 복 있다 하지 않습니다. 도리어 그런 것은 복과 상관없다고 말합니다. 그런데도 우리는 그것이 복이라는 세상의 일반적인 생각에 휩쓸려서 그런 복을 달라고 하나님께 조릅니다. 하나님이 이미 주신 복, 내가 복이 되는 상상할 수 없는 복을 받고도 이것 말고 세상 복을 달라고 몽니를 부립니다.

예수님은 우리가 오해하고 잘못 추구하는 것을 바로잡기 위해 복에 관한 가르침을 분명하게 주셨습니다. 유진 피터슨의 《메시지》 성경은 복 있는 사람을 이렇게 정의합니다.

가장 소중한 것을 잃었다고 느끼는 너희는 복이 있다. 그때에야 너희는 가장 소중한 분의 품에 안길 수 있다. 더도 말고 덜도 말고 자신의 모습 그대로 만족하는 너희는 복이 있다. 그때 너희는 돈으로 살 수 없는 모든 것의 당

당한 주인이 된다. 하나님께 입맛이 당기는 너희는 복이
있다. 그분은 너희 평생에 맛볼 최고의 음식이요, 음료다.
남을 돌보는 너희는 복이 있다. 그렇게 정성 들여 돌보는
순간에 너희도 돌봄을 받는다. 내면세계, 곧 마음과 생각
이 올바른 너희는 복이 있다. 그때에야 너희는 바깥세상
에서 하나님을 볼 수 있다. 경쟁하거나 다투는 대신에 협
력하는 모습을 보여 주는 너희는 복이 있다. 그때 너희
는 진정 자신이 누구이며 하나님의 집에서 자신의 자리
가 어디인지 알게 된다. 하나님께 헌신했기 때문에 박해
를 받는 너희는 복이 있다. 그 박해로 인해 너희는 하나
님 나라에 더 깊이 들어가게 된다. 그뿐 아니다. 사람들이
내 평판을 떨어뜨리려고 너희를 깔보거나 내쫓거나 너희
에 대해 거짓을 말할 때마다, 너희는 복을 받은 줄로 알
아라. 그들이 그렇게 하는 이유는 진리가 너무 가까이 있
어서 그들이 불편을 느끼기 때문이다. 그런 일이 일어날
때 너희는 기뻐해도 좋다. 아예 만세를 불러도 좋다! 그
들은 싫어하겠지만 너희는 좋아하니 말이다! 온 천국이
박수를 보낼 것이다. 또한 너희만 그런 일을 당하는 것이
아님을 알아라. 내 예언자와 증인들은 언제나 그런 고생

을 했다. 마 5:4-12, 메시지

여러분은 어떻습니까? 복 있는 사람으로 살고 있습니까? 성경은 이런 복을 추구하는 사람이 크리스천이라고 말하고 있습니다.

아브라함이 생전에 받은 복은 무엇입니까? 어렵게 찾아간 가나안에 기근이 들어 굶어 죽을 뻔했고, 이집트로 양식을 구하러 갔다가 아내인 사라를 잃을 뻔했습니다. 온갖 우여곡절을 겪은 뒤 100세에 겨우 약속의 아들을 얻었습니다. 그런데 아들 이삭 하나로는 아무리 생각해도 큰 민족을 이루기에는 너무나도 멀어 보입니다. 약속으로 주신 땅은 한 뼘도 얻지 못했습니다.

하지만 아브라함이 죽고 4천 년이 흐른 지금 우리는 아브라함을 믿음의 조상이라고 부릅니다. 그의 믿음과 순종을 칭송합니다. 앞으로도 아브라함이라는 이름은 인류의 역사에서 영원히 기억될 것입니다. 지구상에는 아브라함의 후손이라 자처하는 사람이 20억 명 이상입니다. 이들은 모두 아브라함을 통해서 복을 받고 믿음을 갖게 된 사람들입니다.

아브라함은 하나님의 약속대로 존재 그 자체로 복이 되었습니다. 아브라함이 일생 동안 남긴 것은 미미했지만, 그는 믿음으로 하나님을 따랐고 하나님은 신실하게 자신의 언약을 역사 속에서 성취하셨습니다.

이것이 바로 믿음의 세계입니다. 믿음의 세계는 우리의 시간으로는, 우리가 바라보는 현상계로는 가늠할 수 없습니다. 그러므로 믿음은 보이지 않는 것의 실상입니다.

너를 복이 되게 하겠다는 하나님의 약속을 우리가 믿음으로 받아들일 수만 있다면 어떤 어려움을 겪더라도 "나는 복인데…" 하며 넘어갈 수 있습니다. 누가 욕하더라도 "나는 복인데…" 하고 넘길 수 있습니다. 하나님의 약속을 믿음으로 붙들 때 우리는 이전과 차원이 다른 삶을 살게 됩니다.

이것이 하나님의 구원 역사입니다. 더 이상 목마르지 않는 사람들로 신인류를 빚어 가는 하나님의 놀라운 프로젝트입니다. 이 프로젝트의 제목이 구원입니다.

하나님을 붙든 사람, 사람을 좇은 사람

어떤 사람이 죽어서 황금을 소중하게 싸 가지고 하늘나라에 갔습니다. 천사가 손에 든 것이 무엇이냐고 묻자 그가 자랑스럽게 "황금입니다"라고 대답했습니다. 그러자 천사가 땅을 가리키며 "네가 서 있는 길을 보라"고 했습니다. 놀랍게도 사방이 황금길이었습니다. 그가 오른쪽 호주머니를 뒤져 다이아몬드 3캐럿을 꺼내 들자 천사가 문고리를 가리켰습니다. 문고리 하나가 3천 캐럿짜리 다이아몬드로 되어 있었습니다.

길어야 백 세 인생입니다. 하나님 나라의 삶과 비교하면 나그네 같은 인생일 뿐입니다. 하나님 나라를 소망하는 사람은 남이 갖고 있는 황금과 다이아몬드에 마음을 뺏기지 않습니다. 그들은 매번 남과 비교해서 매 순간 자신을 불행하게 만들지 않습니다. 그들은 이 땅의 숱한 삶이 불쌍하고 안타까울 따름입니다. 독기를 잔뜩 품고 아등바등 살아가는 이 땅의 삶이 참으로 안됐습니다. 아브라함은 하나님의 약속에서 이 놀라운 비밀을 발견한 사람이었습니다.

아브라함과 함께 갈대아 우르 지역을 떠난 사람이 있습니다. 바로 아브라함의 조카 롯입니다. 그런데 롯은 믿음으로 길을 나선 사람이 아닙니다. 약속을 좇아 간 걸음이 아닙니다. 단지 아브라함을 좇아서 길을 나섰습니다. 하나님이 아니라 사람을 믿은 롯의 결국은 어땠습니까?

롯은 이집트의 화려한 문명을 부러워하다가 소돔과 고모라에 살기를 택했고, 하나님의 심판 소식을 듣고 그곳에서 도망치다가 아내가 소금기둥으로 변하는 참변을 겪어야 했습니다. 더구나 술에 취해 살다가 두 딸과 상관해 두 아들을 낳게 되었습니다.

비록 갈대아 우르라는 평탄한 삶을 버리고 길을 떠난 두 사람의 겉모습은 같으나 아브라함과 롯의 삶은 이처럼 극명하게 갈립니다. 그 이유가 무엇입니까? 아브라함은 하나님을 믿고 길을 나섰고 롯은 그저 아브라함을 따라 길을 나섰기 때문입니다. 같은 길을 가도 하나님의 약속을 가슴에 새기고 하나님만 붙들고 살아가는 사람과 하나님과 상관없이 누군가를 좇아 길을 나서는 사람은 결국 다른 차원의 삶을 살 수밖에 없습니다.

크리스천은 복 있는 사람이 되어야 합니다. 성경이

말하는 복을 누리는 사람이 되어야 합니다. 그렇지 않으면 평생 가짜 복만 좇다가 인생을 마치게 됩니다.

저는 지금까지 많은 사람들을 만나 보았습니다. 해박한 지식으로 책을 100권 이상 쓴 사람도 있고, 세상을 쥐락펴락할 만큼 돈이 많은 재벌도 있고, 권력의 최고 정점에 오른 대통령도 있습니다. 그런데 이들 중 복 있는 사람이 몇 명이나 될 것 같습니까? 별로 없었습니다. 그냥 지식이 많고 돈이 많고 권력이 있을 뿐이지 복 있는 사람은 아니었습니다.

크리스천은 진짜 복을 소유한 진짜 신앙인이어야 합니다. 세상 복을 추구하기 위해 신앙을 가지는 것처럼 불쌍한 인생이 없습니다. 신앙이 없다면 욕도 하고 불법도 저지르며 자기 마음대로 살 수 있을 텐데 신앙이 있으면 그러지도 못하면서 하나님이 약속한 복으로도 살지 못하니 얼마나 불쌍한 인생입니까.

천국에는 각자의 이름이 적힌 창고가 있다고 합니다. 창고에 들어가면 선반 가득히 두루마리가 놓여 있는데, 그것은 땅에서 사는 동안 구하는 자에게 주려고 적어 놓은 기도응답 목록서라고 합니다. 새로 나온 휴대폰과 고

급 자동차만 구하다 허송세월하고 정작 하나님이 주시려고 쌓아놓은 건 하나도 받지 못했기에 천국에 온 사람들이 그걸 보고 잠시 망연자실한다고 합니다.

우스갯소리 하나 더 있습니다. 천국에 가면 첫날 저녁 열두 가지 중국 요리가 풀코스로 나온다는 소문을 듣고 어느 장로님이 기대에 차서 식탁에 앉았습니다. 그런데 코스 요리는 안 나오고 탕수육과 자장면만 나왔습니다. 이 장로님이 따져 물었더니 "그냥 조용히 드세요. 당신 교회 담임목사는 식사 못 하고 바로 배달 나갔습니다" 하더랍니다. 진짜 복이 무엇인지도 모른 채 살면서 이 세상의 복만 달라고 기도하다 하늘나라에 가면 깜짝 놀랄 일이 많을 것입니다.

모든 인류를 복으로 살게 하기 위해 하나님은 4천 년 전에 아브라함을 세상에서 불러내셨습니다. 우리 자신이 복이라는 사실이야말로 가장 복된 소식입니다. 이 복된 소식을 전하는 것이 우리의 소명입니다. 그러려면 우리는 더 이상 이 세상의 복에 목마르지 않아야 합니다. 진짜 복을 구하는 바른 신앙인이 세워지지 않으면 교회는 더 이상 희망이 없습니다. 이 나라, 이 사회도 희망이 없습니다. 참된 그리스도인이 그 희망이 되지 않으면 어디에도 희망을 찾을 수 없습니다. 성경에 있는 대로, 하나님이 원하시는 대로, 하나님이 우리에게 복 주고 싶어 하시는 대로 살아가는 우리가 되기를 축복합니다.

Q. 아브라함이 복을 받았다는 것은 그렇다 쳐도, 하나님이 아브라함을 저주한 자를 저주하시겠다는 건 지나친 편애 아닌가요?

사랑은 편애라고 생각합니다. 모두 다 사랑한다, 이건 있을 수 없습니다. 그건 아마 사랑이 아닐 겁니다. 성경은 흔히 우리의 이해를 돕기 위해 신인동형론적 표현을 사용합니다. 즉 하나님을 묘사할 때 인간의 행동과 말, 감정을 이용해 표현하는 것입니다. 광대하고 영적인 하나님의 세계를 담기엔 인간의 언어가 역부족이기 때문입니다.

'네가 저주하는 것을 내가 저주하겠다'는 표현은 아브라함의 인생을 하나님이 책임지시겠다는 의미이며, 아브라함의 결정과 선택을 존중하시겠다는 의미이기도 합니다. 그리고 또 한 가지 덧붙일 것은 남을 저주한 그 일로 스스로 저주받는 사람들을 우리 현실에서 목격하지 않습니까?

Q. 죄악의 다른 표현이 자기중심성이라고 언젠가 목사님이 말씀하셨습니다. 우리가 복 받는다고 하면 내가 잘되는 것부터 생각하지 않습니까? 그리스도인이 복이 되어 세상에 흘려보낸다는 건 구체적으로 어떤 의미입니까?

우리가 타인과 갈등하고 반목하는 가장 큰 이유는 우리 모두가 부족한 인격체를 가지고 있기 때문입니다. 우리 각자가 모자라고 부족하기 때문에 다투고 싸우는 것입니다. 구원은 이 부족함에서 해방되는 것을 말합니다.

우리가 느끼는 부족함은 사실 심리적인 것입니다. 어린아이는 만 원만 줘도 충분하다고 느낍니다. 하지만 재벌은 천억이라도 부족하다고 느낍니다. 이 부족한 느낌에서 벗어날 때 우리는 진정한 자유와 해방을 맛보게 됩니다. 구원의 본질은 여기에 있습니다.

자기중심적인 삶의 패러다임 안에 있으면 모든 것을 부족하게 여깁니다. 나의 능력을 극대화해도 결코 만족스럽지 않습니다. 그래서 자기 능력을 최대치로 끌어올려서 부족한 부분을 다른 사람의 것으로 채우려 듭니다. 인간의 한계이고 인간의 본성입니다. 성경은 이를 죄라고 말합니다. 이 죄에서 풀려나는 것이 구원입니다.

전구는 자기가 수고해서 빛을 내지 않습니다. 그냥 전선에 달려 있을 뿐입니다. 발전소에서 생산한 전기가 전선을 통해 전구에까지 이르러 빛을 내는 것입니다. 누군가 스위치만 켜면 전구는 빛을 냅니다. 전구는 전기가 부족할까 봐 염려하지 않습니다. 전기에 접속해 있는 한 전구는 부족감으로부터 자유롭습니다.

마찬가지로 크리스천은 하나님께 접속해 있으면 더 이상 부족감을 느끼지 않는 존재입니다. 아기들도 엄마 품에 안겨 있으면 부족감을 느끼지 않습니다. 엄마가 모든 목마름과 배고픔과 불편함을 해결해 줄 것이라고 본능적으로 믿기 때문입니다. 구원받은 크리스천은 하나님 품에 안긴 어린아이와 같습니다. 유치한(childish) 믿음이 아니라 어린이 같은(child like) 믿음입니다.

이 어린아이 같은 믿음이 없이는 누구도 하나님을 경험할 수도 누릴 수도 없습니다. 많은 크리스천이 하나님을 개념으로 이해하는데 이는 하나님을 아는 것이 아닙니다. 하나님을 아는 것은 하나님과 하나되었다는 의미이고, 하나님의 품 안에 안긴 것처럼 그분의 임재를 믿는 것입니다. 그럴 때 우리는 초월적 삶(transcendental life)을 살게 됩니다.

교회는 그런 구원을 경험하고 또 전하는 곳이어야 합니다. 교회는 구원받은 공동체가 되어야 합니다. 단지 성경의 지식과 세상의 정보만 교환하고 있다면 어느 누구도 교회가 희망이라고 말하지 않을 것입니다.

Q. 삭개오는 구원받은 후 재산을 내놓았습니다. 이것이 하나님의 임재를 경험한 사람들의 흔한 모습인가요?

삭개오는 여리고의 세무서장이었으니 재산이 매우 많았을 것입니다. 그렇게 부자인 삭개오가 회심 후 토색한 것을 4배로 갚겠다고 말합니다. 2배도 많은데 4배까지 갚겠다니, 좀 오버하는 것 같습니다. 그런데 삭개오가 이럴 수 있었던 것은 그가 예수님과 함께 영원에 접속했기 때문입니다. 영원에 접속하고 나면 더 이상 욕심에 사로잡히지 않습니다.

삭개오는 영원에 접속하는 순간 탐욕에서 풀려나는 진정한 신앙인의 모습을 상징합니다. 구원이 임하면 그런 현상이 일어납니다.

삭개오처럼 구원받은 사람들이 세상이 추구하는 것과 다른 가치의 삶을 살기 시작하면 세상이 제대로 변할 수 있겠지만, 안타깝게도 진리는 다수가 아니라 언제나 소수가 공유하는 것입니다. 세상이 쉽게 변하지 않는 이유입니다. 그래서 예수님도 열두 제자를 택해 진리를 가르치셨고, 그 진리를 살아낼 수 있도록 성령세례를 베푸셨습니다.

그런 사람들이 흩어질 때 교회가 확장됩니다. 흩어져서 뭐 합니까? 부족함 없이 사는 겁니다. 실제로 부족하지 않아서 부족하지 않은 게 아닙니다. 다만 부족감에 시달리지 않는 삶을 살아가는 것입니다. 그럴 때 주변 사람들이 그를 궁금하게 여겨 다가오게 되고 복음을 듣게 됩니다. 전도는 그렇게 이뤄지는 것입니다.

고려시대까지는 바위를 자르는 수단이 없었습니다. 불상을 만들려면 큰 바위를 잘라야 하는데, 그런 기술이 없었습니다. 그래서 바위에 선을 긋고 그 선을 따라 조그만 구멍을 뚫고 참나무 쐐기를 박은 다음 석공이 매일 그 쐐기에 물을 붓습니다. 참나무 쐐기가 계속 물을 머금고 조금씩 불어나면 어느 순간 큰 바위가 쪼개지게 됩니다.

크리스천이 세상을 변화시키는 것도 이와 같다고 생각합

니다. 열두 명의 제자가 쐐기처럼 박혀 죽는 삶을 살았기에 기독교가 단단한 바위 같은 세상을 쪼갤 수 있었습니다. 크리스천이 된다는 것은 이렇게 쐐기처럼 손해보면서 살 것을 각오하는 일입니다. 손해를 기꺼이 감수하고 세상을 변화시키는 것이 바로 크리스천입니다.

Q. 크리스천이 참나무 쐐기같이 산다는 게 구체적으로 어떤 것입니까?

그냥 묵묵하게 그 자리를 지키면 됩니다. 뭘 하려고 애쓰지 않아도 됩니다. 아무것도 할 수 없을 때도 있을 것입니다. 그런 때에도 '나는 부족함이 없습니다'라는 태도로 살아내면 됩니다. 삶으로 살아내면 그것으로 족합니다. 오늘날 그런 삶은 없고 입만 무성하니 크리스천이 비난받거나 조롱받는 것이지요.

그러므로 세상을 변화시키는 크리스천으로 살려면 십자가를 져야 합니다. 예수님도 각자 자기 십자가를 지고 예수님의 길을 따르라고 하셨습니다. 스데반은 돌에 맞아 죽어가면서도 그들을 용서해 달라고 기도했습니다. 자신을 향해 돌을 던지는 사람을 용서해 달라고 하나님께 기도하는 게 결코 쉬운 일이 아닙니다. 하지만 예수님이 십자가에서 용서해 달라고 기도한 것처럼 스데반도 자기 십자가를 지고 예수님을 따랐기에 동일한 기도를 드릴 수 있었던 것입니다. 우리 또한 한 곳에 박혀 옴짝달싹 못하고 망치에 맞으면서도 망치를 원망하지 않고 용서하는 쐐기처럼 살면 됩니다. 이렇게 살아내는 것이 곧 십자가의 길 아닙니까?

2장

반복해서
뺏기는 복

손해가 아니라
더 좋은 채움이다

이삭은 빼앗기고 또 빼앗기면서도
그냥 떠납니다.
그는 빼앗기는 복을 통해
믿음의 사람으로 빚어져 갔고,
하나님이 누구신지를
알게 되었습니다.

비록 지금 당장은 억울해도
하나님은 내가 생각하는 것보다
훨씬 더 좋은 것을
항상 예비하십니다.

세상에서 '떠남'은 복이 아닙니다. 도리어 더 많이 소유하고 더 오래 안주하는 것을 복이라고 합니다. 그러나 성경은 안주가 아니라 떠남을 복이라고 말합니다. 움켜쥐는 것이 아니라 손을 펴서 버리는 것을 복이라고 말합니다. 기득권을 가지려 애쓰지 않고 가졌더라도 거기에 안주하지 않는 것이 떠남의 복입니다. 그것이 왜 복입니까? 하나님의 명령을 따라 믿음으로 떠났고 버렸기 때문입니다.

우리는 앞에서 아브라함이 아버지의 집을 버리고 하

나님이 약속하신 가나안으로 길을 떠난 것이 온 인류의 복이 되었음을 살펴보았습니다. 하나님은 많은 소유와 안주(安住)가 당장은 좋고 편할지 모르지만 결코 좋지도 안전하지도 않다고 말씀하십니다. 떠나야 복된 삶을 살 수 있다고 말씀하십니다.

아브라함은 떠남의 복을 소유한 사람이었습니다. 그렇다면 그 아들 이삭은 어떤 복을 누렸을까요?

초라한 믿음의 현실

지금으로부터 4천여 년 전에 살았던 아브라함과 이삭의 삶이 과연 오늘 우리의 삶과 관련이 있을까요? 만일 우리가 아브라함과 이삭으로 이어지는 믿음의 계보에서 영적 원리를 발견하지 못한다면 성경은 그냥 이스라엘의 역사책에 불과합니다. 그러나 성경 속 인물은 죽고 없지만 그들의 삶에 작용한 영적 원리는 지금 이 시대에도 동일하게 역사하고 있습니다.

인간은 이 땅의 것들로는 결코 만족할 수 없는 존재

입니다. 그렇게 지어지지 않았습니다. 인간은 하나님과 교감하며 영혼을 느끼고 자각하는 존재입니다. 때문에 아무리 많은 것을 소유해도, 아무리 힘 있는 자리에 올라도 결코 만족할 수 없습니다. 실제로 너무나 간절히 원하던 것을 손에 넣고 잠시 기뻐서 어쩔 줄 몰라 하다가도 얼마 지나지 않아 새로운 것을 찾아 또다시 사방을 두리번거리는 것이 우리의 감출 수 없는 모습입니다. 이 결핍을 어디서 충족시켜야 하는지 몰라서 인간은 죽음에 이르는 불치의 병을 앓고 있습니다.

아브라함은 75세에 고향을 떠나 갖은 고생을 다 겪은 뒤 86세에 겨우 몸종에게서 아들 하나를 얻었습니다. 이제는 뭇별과 같은 자손을 주시겠다는 약속은 바라지도 않습니다. 다만 슬하에 아들 하나 얻기를 소망해서 사라의 몸종 하갈을 통해 겨우 얻은 아들이 이스마엘입니다.

그런데 하나님은 이스마엘이 약속의 아들이 아니라고 하십니다. 사라에게 아들을 주겠으니 기다리라고 분명하게 말씀하십니다. 아브라함과 사라가 인간적인 방법으로 이스마엘을 얻긴 했지만, 그들 모두 생물학적으로 더 이상 아기를 가질 수 없는 상태가 되었음을 압니다. 스스로 어떤 형편인지 알기에 하나님의 이 말씀은 믿음이 아니면 순종하기 어려웠을 것입니다. 그럼에도 아브라함은 믿음의 불을 지펴 하나님의 약속을 믿었고, 언약의 아들을 기다렸습니다. 약속이 성취되기까지는 다시 14년이 흘러야 했습니다.

믿음의 현실이란 바로 이런 것입니다. 약속을 받을 때는 당장에 이뤄질 것 같으나 믿음은 오래 믿고 오래 견디고 오래 참고 오래 기다리는 시간을 요구합니다. 이삭은 바로 오랜 믿음의 열매이자 오랜 시간의 열매입니다.

포기하는 복

이삭이란 '웃음'이란 뜻입니다. 천사가 찾아와 내년 이맘때쯤 아들이 있을 것이라 말하자 사라가 장막 뒤에서 그 말을 듣고 피식 웃었습니다. 사라는 천사의 말을 믿을 수 없어 냉소한 것입니다. 그러나 사라는 천사의 말대로 아이를 낳았고, 결국 활짝 웃게 되었습니다. 신앙을 가졌다는 우리 또한 말도 안 된다며 하나님의 말씀 앞에 냉소적

일 때가 얼마나 많습니까? 그러나 하나님의 약속을 비웃지 마십시오. 하나님은 반드시 약속을 지키시는 분입니다.

이스마엘은 아브라함과 사라가 하나님의 신실하심을 믿지 못해 인간적인 방법으로 낳은 아들입니다. 이로 인해 이삭은 태어나는 순간부터 시기와 질투를 받게 됩니다. 이삭은 아브라함과 사라에게는 기쁨의 존재였지만 열네 살 많은 형 이스마엘과 하갈에게는 절대 기뻐할 수 없는 존재였습니다.

이렇게 이삭은 아버지 아브라함과 어머니 사라에게 더할 나위 없는 사랑을 받았지만 그의 존재 자체를 달가워하지 않는 사람과 같이 살아야 했습니다. 인간 실존은 이처럼 생래적으로 비극입니다. 우리가 태어날 때 누구나 기뻐하는 것은 아닙니다. 우리의 실존을 누구나 기뻐하는 것이 아닙니다.

사라는 이 분쟁의 씨앗을 심은 동시에 그 갈등의 골을 더 깊게 만든 장본인입니다. 이스마엘이 이삭에게 짓궂게 굴자 문제가 생기고 갈등이 불거집니다. 사라는 결국 하갈과 이스마엘을 집에서 쫓아냅니다. 이삭은 어려서부터 이 갈등과 분쟁을 온몸으로 겪으며 자라야 했습니다. 어쩌면 이삭은 자기 존재가 주는 부담감, 자기 존재가 주는 불쾌감을 어린 시절 상당 기간 묵상했는지도 모릅니다. 그랬다면 이 묵상은 이삭의 일생에 매우 중요한 토대가 되었을 것입니다. 그는 저물녘이면 들에 나가 묵상하는 사람이 되었습니다. '왜 사람들은 끊임없이 갈등하고 다투는 것일까?' '다툼이 일어날 때 나는 어떻게 해야 할까?' '다투는 관계를 개선하기 위해서는 어떻게 그들을 대해야 할까?' 이런저런 생각에 잠겼을 것입니다.

이후로 장성한 이삭은 이웃 족속과 분쟁이 생겼을 때 그만의 독특한 방법으로 분쟁을 해결해 나갑니다. 어쩌면 늘 갈등과 다툼 속에서 살았을 이삭의 일생을 통해서 우리는 하나님이 무엇을 말씀하고 계신지 깊이 묵상할 수 있습니다. 이삭은 믿음의 아들, 약속의 후손이지만 빼앗기고 또 빼앗기는 삶을 삽니다.

이삭이 그 땅에서 농사하여 그 해에 백 배나 얻었고 여호와께서 복을 주시므로 그 사람이 창대하고 왕성하여 마침내 거부가 되어 양과 소가 떼를 이루고 종이 심히 많으므로 블레셋 사람이 그를 시기하여 그 아버지 아브라함

때에 그 아버지의 종들이 판 모든 우물을 막고 흙으로 메
웠더라 아비멜렉이 이삭에게 이르되 네가 우리보다 크게
강성한즉 우리를 떠나라 이삭이 그곳을 떠나 그랄 골짜
기에 장막을 치고 거기 거류하며 그 아버지 아브라함 때
에 팠던 우물들을 다시 팠으니 이는 아브라함이 죽은 후
에 블레셋 사람이 그 우물들을 메웠음이라 이삭이 그 우
물들의 이름을 그의 아버지가 부르던 이름으로 불렀더
라 이삭의 종들이 골짜기를 파서 샘 근원을 얻었더니 그
랄 목자들이 이삭의 목자와 다투어 이르되 이 물은 우리
의 것이라 하매 이삭이 그 다툼으로 말미암아 그 우물 이
름을 에섹이라 하였으며 또 다른 우물을 팠더니 그들이
또 다투므로 그 이름을 싯나라 하였으며 이삭이 거기서
옮겨 다른 우물을 팠더니 그들이 다투지 아니하였으므로
그 이름을 르호봇이라 하여 이르되 이제는 여호와께서
우리를 위하여 넓게 하셨으니 이 땅에서 우리가 번성하
리로다 하였더라 창 26:12-22

이삭은 흉년에 애굽으로 내려가려 했으나 하나님은
그에게 그랄 땅에 머물라고 하셨습니다. 그랄은 지금의

가사에서 이집트로 내려가는 대상로에 있는 도시입니다. 이삭은 그 땅에서 농사를 짓고 살았습니다. 소출이 백배나 나서 양 떼와 소 떼를 크게 거느린 거부가 되었습니다. 이렇게 누군가 부자가 되면 어떤 일이 일어나는지 아십니까? 주변 사람들이 시기하고 질투하다 나중에는 모함까지 하게 됩니다. 심지어 그 부를 빼앗고 싶어 하는 사람도 생깁니다. 부자로 사는 일이 결코 행복할 수 없는 이유가 여기에 있습니다.

이삭은 누군가를 시기하거나 누군가의 소유를 빼앗는 사람이 절대 아니었습니다. 그는 성실하게 일해서 번 돈으로 소유를 늘린 부자였을 뿐입니다. 그런 그를 블레셋 사람들이 시기해서 그가 판 우물을 빼앗았습니다. 이삭은 우물 이름을 '다툼'이란 뜻의 '에섹'이라 붙였습니다. 이삭은 그 우물을 포기하고 다시 우물을 팠습니다. 여기에서도 우물을 파서 물이 나오자 블레셋이 또 쫓아와 우물을 빼앗았습니다. 이삭은 여기서도 우물 이름을 '대적함'이란 뜻의 '싯나'라 붙였습니다.

이삭은 우물을 파는 족족 빼앗기고 맙니다. 한 번도 아니고 번번이 빼앗깁니다. 이삭이 갈등과 분쟁이 생겼을 때 취하는 태도는 그냥 빼앗기는 것입니다.

중동 지역에서 물은 요즘도 매우 귀한 자원입니다. 지금도 땅을 파면 기름이 솟을지언정 물은 잘 솟지 않습니다. 사우디아라비아는 바닷물을 끌어와 담수화 플랜트를 해서 물을 얻습니다. 그러니 당시에 우물을 빼앗긴다는 것은 생명을 잃는 것만큼이나 큰일이었습니다.

중동 사람들은 소유권 문제에 매우 철저한 사람들입니다. 이 소유권에는 땅과 가축, 가족, 그리고 가문의 명예까지 포함됩니다. 오늘날에도 중동 사람들은 자기 소유권이 침해당하면 그냥 넘어가는 법이 없습니다. 가문과 명예를 위한 살인이 끊이지 않는 이유입니다. 그들은 자기 집에 방문한 손님조차 자기 소유라고 생각합니다. 아브라함의 조카 롯이 그의 집에 들어온 나그네를 보호하기 위해 자기 딸을 내주겠다고 한 것이 그냥 나온 얘기가 아닙니다. 그들이 지금까지 살고 있는 삶의 모습입니다. 그런 환경에서 이삭은 웬일인지 다투지 않고 그냥 빼앗기고 떠납니다.

이삭의 이 힘은 어디서 나오는 걸까요? 바로 하나님의 복을 받는 사람이기 때문입니다. 이삭의 행동은 하나님의 축복이 아니면 설명할 수 없는 것입니다.

빼앗김으로써 믿음의 사람이 되다

우물은 혼자서 팔 수 있는 게 아닙니다. 식솔들과 힘을 합쳐 오랜 시간 공을 들여야 땅속 깊은 곳까지 파내려 갈 수 있습니다. 그러니 식솔들의 원망도 무시할 수 없었을 것입니다. 여러분은 이렇게 어렵게 판 우물을 번번이 빼앗긴다면 어떻게 할 것 같습니까? 원한에 사무치지 않겠습니까? 반드시 복수하겠다고 칼을 갈지 않겠습니까? 누군들 그렇지 않겠습니까? 그렇게 계속해서 당하고 사는 사람은 분노했던 과거에 묶이는 삶을 살 수밖에 없습니다.

한편으로 식솔들 눈에 이삭이 얼마나 무기력해 보였겠습니까? 얼마나 비겁하고 유약해 보였겠습니까? 하나님은 이렇게 유약하고 비겁해 보이는 하찮은 사람을 들어 믿음의 조상으로 세워 가십니다. 하나님 손에 붙들리면 무능하기 이를 데 없는 사람도 탁월해지는 것을 봅니다.

이삭은 빼앗기고 또 빼앗기면서도 거기에 연연하지 않음으로써 과거에 묶이지 않는 삶을 살았습니다. 그는 언제나 과거를 돌아보지 않고 미래를 바라보며 나아가는 삶을 살았습니다. 믿음은 이런 것입니다. 빼앗기고 또 빼앗기는 것은 단순한 절도나 강도 사건이 아닙니다. 그것은 하나님이 이삭을 믿음의 길로 인도하는 믿음의 사건입니다.

이삭은 에섹을 돌아보지 않고 싯나를 아까워하지 않고 다른 곳으로 떠납니다. 그런데 놀랍게도 그가 우물을 파면 어김없이 샘이 나왔습니다. 이삭은 멈추지 않고 끝내 파낸 그 우물을 '르호봇'이라 불렀습니다. 르호봇은 '넓은 장소'라는 뜻으로 하나님이 지경을 넓혀 주셨다는 고백이 담긴 이름입니다. 하나님을 믿고 빼앗긴 채 떠나왔더니 하나님이 더 넓은 우물을 주셨다는 믿음의 고백입니다.

이삭이 만약 에섹과 싯나에 끝까지 집착했다면 르호봇을 얻지 못했을 것입니다. 믿음은 이렇듯 내 것을 빼앗고야 말겠다는 사람과 싸우거나 다투지 않고 하나님이 예비하신 더 넓은 곳, 더 넓은 지경으로 인도함을 받는 축복의 길입니다.

이 땅의 모든 싸움은 더 많이 차지하려는 소유권 싸움입니다. 정치학자 데이비드 이스턴(David Easton)은 "정치란 사회적인 가치를 권위적으로 배분하는 일"이라고 말했습니다. 그러나 모든 사람들이 소유의 배분을 권위적으로 받아들이며 화합하는 일은 눈을 씻어도 찾기 어렵습니다. 지금도 권위에 불복하는 수많은 사람들이 끊임없이 싸우고 다투고 심지어 전쟁까지 불사하는 것을 봅니다. 이 땅에서 여야의 갈등이 끝이 없고, 남북 간의 분쟁을 좀처럼 종식시키지 못하는 까닭은 서로가 서로를 인정할 수 없기 때문입니다.

이 다툼을 종결지을 권위는 어디에 있습니까? 인간에게 있지 않습니다. 하나님께 있습니다. 하나님을 떠나면 어떤 다툼도 쉽사리 종결되지 않습니다. 하나님을 믿는 믿음이 없으면 어떤 다툼도 기대처럼 끝나지 않습니다. 구원받지 않은 사람들 사이의 분쟁이 종식될 수 있을 것이라는 기대는 실로 어리석은 일입니다.

이삭은 하나님의 권위에 순복함으로써 우물만 파면 물이 솟는 우물 전문가가 되었습니다. 그는 땅의 소유가 사람에게 있지 않음을 알았고, 빼앗기고 또 빼앗김으로써 믿음의 사람으로 빚어져 갔습니다. 빼앗기고 빼앗기는 복을 통해 그는 하나님이 누구신지를 알게 되었습니다. 이것이 바로 복입니다.

세상 사람과 싸워서 빼앗는 것이 복이 아닙니다. 세상에서 성공하는 것이 복이 아닙니다. 성공하고 승진하고 높이 올라갈수록 시기하고 질투하며 모함하는 사람들이 늘어 갈 것입니다. 진정한 복은 하나님의 권위에 순복하는 것입니다. 번번이 빼앗기고 실패해도 거기에 하나님의 함께하심이 있다면 그것이 바로 복입니다.

훨씬 좋은 것을 예비하신 반전의 하나님

이삭이 드디어 르호봇도 버리고 브엘세바로 떠납니다. 이번에는 쫓겨나는 것도 아니고 빼앗긴 것도 아닙니다. 하나님의 명령을 따라 길을 떠난 것입니다. 이삭의 믿음에 새로운 차원이 펼쳐졌습니다. 그는 이제 믿음의 거인이 되었습니다.

그 밤에 여호와께서 그에게 나타나 이르시되 나는 네 아버지 아브라함의 하나님이니 두려워하지 말라 내 종 아브라함을 위하여 내가 너와 함께 있어 네게 복을 주어 네 자손이 번성하게 하리라 하신지라 이삭이 그곳에 제단을 쌓고, 여호와의 이름을 부르며 거기 장막을 쳤더니 이삭의 종들이 거기서도 우물을 팠더라 아비멜렉이 그 친구 아훗삿과 군대 장관 비골과 더불어 그랄에서부터 이삭에게로 온지라 이삭이 그들에게 이르되 너희가 나를 미워하여 나에게 너희를 떠나게 하였거늘 어찌하여 내게 왔느냐 그들이 이르되 여호와께서 너와 함께 계심을 우리가 분명히 보았으므로 우리의 사이 곧 우리와 너 사이에 맹세하여 너와 계약을 맺으리라 말하였노라 너는 우리를 해하지 말라 이는 우리가 너를 범하지 아니하고 선한 일만 네게 행하여 네가 평안히 가게 하였음이니라 이제 너는 여호와께 복을 받은 자니라 이삭이 그들을 위하여 잔치를 베풀매 그들이 먹고 마시고 아침에 일찍이 일어나 서로 맹세한 후에 이삭이 그들을 보내매 그들이 평안히 갔더라 그날에 이삭의 종들이 자기들이 판 우물에 대하여 이삭에게 와서 알리어 이르되 우리가 물을 얻었나이

다 하매 그가 그 이름을 세바라 한지라 그러므로 그 성읍

이름이 오늘까지 브엘세바더라 창 26:24-33

하나님의 명령을 따라 브엘세바에 가서 우물을 팠더
니 놀라운 일이 일어났습니다. 그동안 그토록 따라다니며
괴롭히던 아비멜렉이 군대장관 비골과 함께 와서 "여호
와께서 너와 함께 계심을 우리가 분명히 보았다"면서 이
제 싸우지 말고 화친을 맺자고 제안한 것입니다. 매번 싸
움을 걸던 사람이 마치 싸움에 져서 굴복하듯이 이제 그
만 싸우자고 먼저 손을 내밀었습니다. 여기에는 아비멜렉
의 두려움이 있습니다. 하나님이 늘 함께하시는 이삭을
자기 힘으로 감당할 수 없다는 것을 깨닫게 되자 갑자기
두려움이 몰려온 것입니다.

저도 살면서 빼앗기고 또 빼앗기는 경험을 더러 했
습니다. 예수 믿기 전에는 절치부심하며 보복의 기회를
기다렸지만, 하나님을 믿고 나서는 빼앗긴 일에 더 이상
매이지 않게 되었습니다. 물론 억울해하고 분노하는 것은
당연한 감정입니다. 그러나 그 일에 매이지 않는 것은 믿
음의 결단이자 성령의 능력입니다. 지금 돌아보면 빼앗아

간 것은 사람이 아니라 하나님이었습니다. 하나님이 왜 빼앗아 가십니까? 더 좋은 것을 준비해 놓으셨기 때문입니다. 이삭이 에섹과 싯나를 떠나지 않으면 이삭에게 르호봇과 브엘세바를 주실 수 없습니다. 하나님은 내가 집착하는 것보다 훨씬 더 좋은 것을 예비하시는 분입니다. 하나님은 최선의 최상의 최고의 하나님입니다.

빼앗기고 또 빼앗길 때 거기에 매이지 마십시오. 원한에 사무쳐 원망하고 미워하지 마십시오. 그것은 과거에 삶을 묶는 어리석은 모습입니다. 거기에 매이지 않고 떠날 때 하나님이 우리 삶에서 드러나게 됩니다. 우리를 몹시 괴롭히던 사람들이 오히려 우리 삶에 드러난 하나님을 두려워하여 우리에게 먼저 손을 내밀고 화해를 청하게 됩니다.

이것이 믿음의 사람이 소유한 복입니다. 비록 지금 당장은 억울해도 하나님이 준비하신 것이 항상 있다는 것, 하나님은 내가 생각하는 것보다 훨씬 더 좋은 것을 항상 예비하고 있다는 것을 믿기 바랍니다. 여러분에게 복된 삶이 준비되어 있음을 경험해야 합니다. 속이고, 빼앗는 세상에서 빼앗기고 또 빼앗기는 게 축복이라는 사실은

경험하지 않고서는 이해할 수 없습니다. 이삭의 이야기가
우리 모두의 이야기가 되기를 바랍니다.

Q. 이삭처럼 빼앗기는 삶을 살려면 어떻게 살아야 할까요?

저는 자본주의가 지금까지 버틸 수 있는 이유가 스스로 빼앗기는 사람들이 있기 때문이라고 믿습니다. 이른바 기부하는 사람들입니다. 그들은 빼앗기기 전에 스스로 포기를 결정하고 내려놓습니다. 스스로 기득권을 포기하고 내 것을 주장하지 않는 것, 그것이 크리스천의 삶이라고 생각합니다.

빌 게이츠나 워런 버핏, 마크 저커버그는 돈을 벌어서 유명해졌다기보다 번 돈을 잘 써서 더 유명해진 사람들입니다. 세상은 이렇게 기부하고 베푸는 사람들 때문에 유지됩니다. 구원받은 사람은 더 이상 남과 경쟁하지 않고 남과 다투지 않습니다. 다만 어제의 나, 걸핏하면 미래로 달려가지 못하도록 나를 물고 늘어지는 어제의 나를 이기기 위해 씨름할 따름입니다. 오늘의 나는 어제의 나와 얼마나 달라

졌나, 내일의 나는 어떻게 변화될 것인가, 여기에만 관심을 기울입니다. 지경이 더욱 넓어지는 르호봇을 바라보며 고개를 들고 당당하게 걷는 것입니다.

Q. 승려로 15년째 수행 중이신 저의 이모님이 이 세상은 음욕의 역사라고 하는데, 목사님의 생각은 어떤지 알고 싶습니다.

성경은 음욕을 영적인 타락이라고 봅니다. 영적인 타락이 수반되지 않은 육적인 타락은 없다고 보기 때문입니다. 육신이 타락하기에 앞서 반드시 영적인 질병이 선행됩니다. 그런데 이 영적인 질병을 치유하기가 쉽지 않습니다. 컵에 담긴 공기를 빼내는 방법은 손으로 컵의 공기를 들어내는 것이 아닙니다. 그렇게 해서는 평생 컵의 공기를 못 빼냅니다. 그러나 컵을 물속에 담그면 공기는 한순간에 빠져나갑니다. 음욕은 싸워서 못 이깁니다. 음욕은 내쫓는다고 나가지 않습니다. 오직 사랑에 온전히 잠길 때만이 빠져나갑니다.

두려움도 마찬가지입니다. 깊은 사랑에 잠길 때만 빠져나갑니다. 어린아이는 엄마 품에 안겨 잠들면 두려워하지 않습니다. 우리가 부족감이나 불안, 불쾌감에 시달리는 이유는 내면의 공허함 때문입니다. 그 부족함을 채우기 위해 인간은 서로 뺏고 뺏기는 싸움을 합니다. 사랑하는 사람을 만나 결혼을 해도 서로 채워 달라고 요구합니다. 그러나 그 누구도 채워 주지 못합니다. 부족함이 없는 분에게서 받지 않으면 채울 수 있는 다른 길이 없습니다. 예수님의 사랑 안에서만 충분히 채워질 수 있습니다.

우리 내면이 예수님의 사랑으로 채워질 때 더 이상 사람에게 사랑을 요구하지 않게 됩니다. 무거운 짐을 내려놓고 그분 안에서 쉼을 얻고 '내가 너를 사랑한다'는 그 음성에 붙들리면 우선 내가 나 자신을 용서하게 되고, 음욕이나 탐욕에 시달리지 않게 됩니다.

저는 젊은이들에게 음란사이트에 접속하지 않으려고 애쓰지 말라고 합니다. 대신에 예수님의 사랑에 잠기라고 말합니다. 그 사랑으로 누군가를 깊이 사랑하라고 권합니다. 우리 힘으로는 아무리 애써도 음욕의 충동을 이길 수 없지만, 생명을 드려도 아깝지 않을 예수님을 사랑하면 중독과 같이 나를 끝없이 괴롭히는 버릇에서 벗어날 수 있습니다.

3장

장애를 갖고
사는 복

약점이 강점 되다

야곱이 하나님의 사자와 겨루어 이긴 결과
육신의 장애를 얻게 되었습니다.
야곱의 다리가 절게 된 것이야말로
복 중의 복이었습니다.

장애는 하나님이 인생을
새롭게 이끌어 가시기 위해 놓은 디딤돌입니다.

자녀를 키우다 보면 자녀의 요구를 들어줄 수 없을 때가 있습니다. 자녀가 원하는 대로 다 들어주면 잘못될 줄 알기 때문입니다. 이때 부모와 자녀 간에 갈등이 생깁니다. 우리와 하나님의 관계도 이와 같습니다. 우리가 원하는 것과 하나님이 원하는 것이 다를 때 하나님과 우리 사이에 긴장이 생깁니다.

부모는 자녀보다 인생을 더 멀리, 더 넓게 보는 눈이 있습니다. 하물며 하나님은 어떻겠습니까? 우리는 당장의 즐거움과 기쁨을 원하지만 하나님은 그보다 비교할 수 없이 더 크고 아름다우며 가치 있는 것을 준비하고 계십니다. 그래서 우리는 믿음의 길을 가면서 전혀 예상할 수 없던 뜻밖의 축복을 누리게 될 때가 많습니다. 야곱도 그랬습니다.

힘을 빼야 비로소 얻게 되는 복

쌍둥이 동생으로 태어난 야곱은 태중에서부터 형 에서와 싸웠으며 날 때도 형의 발꿈치를 붙들고 나왔습니다. 성경에는 이처럼 형제간의 다툼과 갈등이 종종 나옵니다. 인류 최초의 살인자 가인도 동생 아벨을 죽였습니다. 어린 자녀들을 보면 세상에 그런 원수가 없을 만큼 다투고 싸웁니다. 나이가 들고 성숙해지면서 형제간에 우애가 생기지 처음부터 사이좋게 지내는 경우는 매우 드뭅니다.

당시 중동 지역에서 장자의 신분은 특별했습니다. 집안과 아버지의 축복이 모두 장자의 몫이었기 때문입니다. 그러니 간발의 차이로 동생으로 태어난 야곱으로서는 장자권을 형에게 빼앗기는 게 너무나 억울했을 것입니다. 야곱은 그런 까닭에 호시탐탐 장자권을 노립니다. 사냥하고 돌아와 지치고 허기진 에서에게 팥죽 한 그릇을 먹이고 장자권을 팔게 하더니, 마침내 어머니 리브가와 입을 맞춰 아버지 이삭을 속이고 장자의 축복을 가로채기까지 했습니다. 이 일로 야곱은 형 에서의 보복을 피해 집을 떠나야만 했습니다.

그런 야곱을 하나님은 벧엘에서 만나 주셨습니다. 장자권을 욕심낼 때는 침묵하시던 하나님이 집을 떠나 철저하게 외로워졌을 때에야 야곱을 찾아오신 것입니다.

그렇게 집을 떠나 외삼촌 라반의 집에 도착한 야곱은 속임수로 치면 한참 윗길인 라반에게 철저히 이용당하게 됩니다. 이들의 관계는 그야말로 TV 일일 드라마 감입니다. 20여 년을 외삼촌 집에서 종살이하다가 야곱은 어렵사리 한 재산을 만들어 고향으로 돌아가기로 결단합니다.

다시 길을 나선 야곱, 그러나 형 에서와 대면할 것을 생각하니 여전히 가시지 않는 두려움이 엄습합니다. 형에서가 400명의 군사를 이끌고 야곱 일행 쪽으로 오고 있다는 소식을 접한 야곱은 죽음의 두려움에 사로잡힙니다.

야곱은 얍복강 나루에서 마침내 무릎을 꿇고 간절히 하나님을 찾습니다. 벧엘로 찾아와 만나 주셨던 하나님을 다시 온 힘을 다해 찾기 시작합니다. 그만큼 야곱의 두려움이 컸습니다.

그 사람이 그에게 이르되 네 이름이 무엇이냐 그가 이르되 야곱이니이다 그가 이르되 네 이름을 다시는 야곱이라 부를 것이 아니요 이스라엘이라 부를 것이니 이는 네가 하나님과 및 사람들과 겨루어 이겼음이니라 야곱이 청하여 이르되 당신의 이름을 알려 주소서 그 사람이 이르되 어찌하여 내 이름을 묻느냐 하고 거기서 야곱에게 축복한지라 그러므로 야곱이 그곳 이름을 브니엘이라 하였으니 그가 이르기를 내가 하나님과 대면하여 보았으나 내 생명이 보전되었다 함이더라 그가 브니엘을 지날 때에 해가 돋았고 그의 허벅다리로 말미암아 절었더라 그 사람이 야곱의 허벅지 관절에 있는 둔부의 힘줄을 쳤으므로 이스라엘 사람들이 지금까지 허벅지 관절에 있는 둔부의 힘줄을 먹지 아니하더라 창 32:27-32

야곱이 얍복강 나루에서 하나님의 사자와 씨름을 했습니다. 야곱이 하나님의 사자에게 축복해 달라고 떼를 쓰고 있습니다. 이것은 살려 달라는 말과 같습니다. 하나님의 사자가 밤새도록 씨름하다 야곱에게 "네가 하나님과 겨루어 이겼다"면서 새로 '이스라엘'이라는 이름을 줍니다. '움켜쥐는 자' 야곱에서 '하나님을 이긴 자' 이스라엘이 되었습니다.

그런데 과연 야곱이 하나님과 겨루어 이긴 걸까요? 자녀를 상대로 겨루는 아버지는 절대로 이기려고 하지 않습니다. 힘을 다해 겨루는 척하다가 마지막에 슬그머니 져줍니다. 아버지의 마음이란 그런 것입니다. 하나님도 밤이 새도록 야곱과 겨루었지만 처음부터 이길 마음이 없으셨을 것입니다.

야곱이 하나님의 사자를 끝까지 붙들고 늘어져 축복해 달라고 떼를 썼지만 새 이름을 얻었을 뿐입니다. 그리고 축복의 결과로 야곱은 육신의 장애를 얻게 되었습니다. 야곱은 고관절을 다쳐 다리를 절게 되었습니다. 축복해 달라고 졸랐는데 장애를 얻게 되다니, 이게 무슨 일입니까? 장애를 얻게 된 것이 어떻게 복이겠습니까?

세상 관점에서 보면 이것처럼 불행한 일이 어디 있겠습니까? 구약시대에는 육신의 장애를 갖고 산다는 것이 참으로 절망적인 일이었습니다. 많이 좋아지기는 했지만 오늘날에도 장애인은 온갖 불편과 모욕을 감수해야 할 때가 잦습니다.

무슨 일이든지 내 고집과 내 뜻대로 살던 야곱입니다. 평생 움켜쥔 손을 펼 줄 몰랐던 야곱입니다. 그렇게 전신이 경직될 만큼 온몸에 힘을 주고 살던 야곱이 제대로 하나님을 만나 불구의 몸이 되었습니다. 그런데 하나님은 도대체 축복해 달라는 야곱에게 왜 장애를 주신 것일까요?

성경을 보면 하나님이 야곱의 허벅지(넓적다리) 관절을 쳤다고 나와 있습니다. 당시 사람들은 넓적다리에서 아들이 난다고 믿었습니다. 그러니까 넓적다리를 쳤다는 것은 생명의 근원을 쳤다는 뜻입니다. 생명의 중심을 침으로써 중심을 돌려놓는 회개를 시키셨다는 의미입니다. 온몸에 잔뜩 힘을 주고 자기 고집대로 살던 야곱을 하나님이 직접 돌이키신 것입니다. 야곱은 이제 지금까지 살아온 것과 다른 모습으로 살아가야 하고, 움켜쥔 손을 놓아야 하고, 내 마음대로 살 수 없는 생애가 시작되었다는 뜻입니다. 야곱의 삶이 이후로 완전히 달라질 것을 예고하는 모습입니다. 예수님이 주님을 세 번 부인했던 베드로를 용서하고 일으켜 그의 허리에 새로운 띠를 매고 이후로 주님이 원하는 곳으로 데려가시겠다는 결정과 다르지 않습니다.

야곱은 그날 밤새 씨름하고 탈진한 상태에서 멀리 지평선으로 해가 뜨는 것을 보았습니다. 아내와 아들들은 이미 얍복강을 건너가고 거기에는 야곱 혼자만 남았습니다. 동트는 지평선을 향해 야곱이 홀로 절뚝거리며 걸어가고 있습니다. 이 모습이 바로 그의 인생을 새롭게 빚으신 하나님이 이스라엘로 살아가야 할 야곱에게 베풀어 주신 복의 그림입니다.

마침내 저 멀리서 형 에서가 다가오는 것이 보입니다. 하지만 야곱은 이제 더 이상 형이 두렵지 않습니다. 밤새도록 하나님과 씨름해서 얻은 평안이 그를 평강 가운데로 인도합니다. 그런데 놀라운 일이 일어났습니다. 형 에서가 절뚝거리며 걸어오는 동생 야곱을 보는 순간 그의 강퍅한 마음이 녹아내려서 그만 동생을 와락 끌어안고 회

한의 눈물을 쏟습니다. 장자의 축복을 가로채 도망간 원수 같은 동생이었습니다. 만나기만 하면 죽여 버리겠다고 벼르고 벼르던 동생이었습니다. 그런데 웬일인지 에서는 야곱이 불쌍하고 사랑스럽기만 합니다. 에서의 마음속에는 동생을 향한 원한이 남아 있지 않습니다.

도대체 하룻밤 사이에 두 형제에게 무슨 일이 일어난 것입니까? 야곱이 갑자기 다리를 절게 되었습니다. 하룻밤 사이에 야곱이 지체장애인이 되었습니다. 그러나 지난밤 하나님이 야곱의 다리를 절게 한 것이야말로 복 중의 복이었습니다. 이 장애의 복으로 야곱과 에서가 화해했고 가족 관계가 다 회복되었으니 이보다 더 큰 복이 어디 있겠습니까?

하나님께 붙들리면 장애는 복이다

야곱은 나중에 요셉을 따라 애굽에 갔을 때 바로에게 자신이 "험악한 세월을 살았다"고 말합니다. 얍복강에서 하나님과 겨루어 이긴 후에도 야곱은 고난의 세월을 살았습니다. 세겜에서 딸이 성폭행을 당하는 변고를 만났고, 큰아들 르우벤이 야곱의 첩인 빌하와 동침함으로써 아버지의 침상을 더럽히는 수치스러운 사건도 겪었습니다. 더구나 가장 사랑하던 요셉은 실종되고 말았습니다.

이렇듯 야곱의 삶은 일생이 고난의 길입니다. 얍복강 나루에서 하나님과 겨뤄 이김으로써 얻은 복은 과연 어디로 간 것입니까?

어머니 리브가의 치마폭에 싸여 자랐던 야곱이었습니다. 부모에게 받은 사랑의 불균형 때문에 성품의 결함을 보였던 야곱이 하나씩 내려놓기 시작하면서 점점 더 성숙해지게 되었습니다. 사실 야곱은 무척 미숙한 아버지였습니다. 요셉이 형들에게 버림받아 애굽에 팔려 간 것은 아버지 야곱의 편애가 원인입니다. 딸 디나가 성폭력을 당했을 때도 야곱은 모른 척했을뿐더러 보복을 감행한 아들들을 도리어 원망했습니다.

흉년이 들어 애굽에 양식을 얻으러 갔다가 돌아온 아들들이 베냐민을 다시 데려가야 한다고 하자 야곱은 막내아들 베냐민을 잃게 되면 잃으리라고 체념합니다. 그는 이제 일생 움켜쥐었던 두 손을 다 폈습니다. 그토록 인격에 결함이 많았던 야곱이 애굽으로 이주했을 때에는 바로를 진심으로 축복합니다. 야곱이 누구이기에 애굽의 바로에게 축복기도를 할 수 있습니까? 그는 이제 애굽의 바로를 위해 거침없이 기도할 수 있을 만큼 성숙해졌습니다.

저는 키가 작다는 것을 제 인생의 장애로 여겼습니다. 삭개오처럼 작은 키가 콤플렉스였습니다. 지독한 근시도 장애였습니다. 어려서부터 렌즈가 두꺼운 안경을 써야 했습니다. 머리카락이 심한 곱슬인 것도 마음에 들지 않았습니다. 그 모든 장애를 가리느라 평생 긴장했고 전신에 힘을 주고 살았습니다. 두 눈에는 독기를 품었습니다. 누구도 그 장애 때문에 저를 루저(loser)라고 생각하지 못하도록 언제나 온 힘을 다했습니다. 무슨 일이건 지는 게 싫어서 하찮은 일에도 목숨을 걸다시피 했습니다. 하나님은 그런 저를 살려 두셨습니다. 그리고 하나님을 몰랐던 시간에도 저를 연단하고 빚으셨습니다. 정말 야곱처럼 오랜 시간이 걸렸고 그 세월은 험했습니다.

여러분은 어떤 장애가 있습니까? 여러분의 인생에 어떤 장애가 있든지 간에 하나님은 그것을 축복의 통로로 삼으시고, 인생을 새롭게 이끌어 가실 것입니다. 여러

분이 겪고 있는 어려움이나 오랫동안 풀지 못한 문제들은 언젠가 하나님이 나를 얼마나 사랑하시는지를 분명히 깨닫게 하는 증거가 될 것입니다.

학력이 모자랍니까? 그래서 평생 배우는 사람이 되지 않았습니까? 학벌이 아무리 좋아도 졸업장 하나 믿고 평생 공부와 담을 쌓으면 교만하고 무지한 사람이 됩니다. 하지만 학벌이 좋지 않기 때문에 평생 공부하기를 게을리하지 않으면 학식이 깊고 인격이 성숙한 사람이 됩니다.

김규환 씨는 초등학교도 다녀 보지 못했으나 대우중공업에 입사해 누구보다 열심히 일하고 노력해서 초정밀 가공 분야의 명장(名匠)으로 추대되었습니다. 학벌이 없다는 장애는 그를 성공적으로 살게 한 복이 되었습니다.

결혼에 실패했습니까? 그 상처로 인해 홀로 된 자들을 위로하고 세우는 사람이 될 수 있습니다. 믿음의 사람에게 장애는 더 이상 장애가 아닙니다. 신앙인에게 그 장애는 다른 누군가의 장애를 돕기 위한 손과 발입니다. 하나님이 개입하시면 모든 장애는 축복의 통로가 됩니다. 장애는 더 이상 내 인생의 걸림돌이 아니라 디딤돌입니다.

내가 당한 장애만 바라보면 아무 희망이 없습니다.

야곱이 불구가 된 다리만 바라보았다면 오랜 세월이 흐른 다 해도 성숙한 아버지가 될 수 없었을 것입니다. 야곱은 다리를 절면서도 파도처럼 다가오는 고난을 뚫고 앞으로 전진해 나갔습니다.

야곱의 변화는 세겜을 떠나 벧엘로 가면서 시작되었습니다. 벧엘은 하나님이 몸소 찾아와 야곱을 만나 주신 장소입니다. 야곱은 그의 신앙이 출발한 벧엘로 돌아가 하나님께 엎드림으로써 더 이상 움켜쥐고 웅크리고 두려워하는 야곱이 아니라 당당히 고개를 들고 어깨를 펴고 먼 곳을 바라보며 영적인 성숙의 길을 걷는 이스라엘로 살기 시작했습니다.

인생이 고단하고 힘들 때면 하나님을 찾으십시오. 하나님의 이름을 부르십시오. 믿음의 첫 자리로 돌아갔던 야곱과 같은 생애를 살기 바랍니다. 사람을 찾아가 봐야 소용이 없습니다. 사람을 찾아가 부탁해 보는 것이 가장 빠른 길 같지만 절대 그렇지 않습니다. 도리어 성급한 관계에 묶여 장차 일이 더 어려워질 수 있습니다.

야곱의 본래 성품은 참 보잘것없었습니다. 어머니 치마폭에서 어린 시절을 보낸 나약한 사람입니다. 욕심이 많았던 탓에 어떤 속임수를 써서라도 자신이 갖고 싶은 것은 수중에 넣고야 마는 야비한 사람입니다. 라헬에게서 난 두 아들만 편애하는 치우친 아버지입니다. 성폭력에 희생된 딸의 아픔을 외면했던 못난 아버지입니다.

그러나 야곱은 하나님과 싸워서 얻은 불구의 몸을 통해 인격이 성숙하고 영적으로 성장했습니다. 장애를 바라보지 않고 장애를 허락하신 하나님과 시선을 마주했기 때문입니다. 하나님은 그런 야곱을 놀라운 이름의 이스라엘로 만드셨습니다. 유대인 중에는 야곱(Jacob)이란 이름을 가진 사람이 많습니다. 야곱처럼 하찮은 인생이지만 하나님께 붙들림으로써 위대한 인생이 되고 싶다는 마음이겠지요.

하나님이 내게 주신 장애가 내 곁에 있는 사람입니까? 원수 같은 남편, 아내, 자녀가 내 인생의 장애물입니까? 그것이 바로 하나님이 내게 주신 축복임을 진심으로 믿으시기 바랍니다. 오늘 우리에게 허락된 어려움을 하나님의 사랑이 가득한 눈으로 바라보게 되시기를 바랍니다.

믿음의 눈으로 보기만 하면 원수 같은 아내가, 남편이, 자녀가 야곱의 허벅지 관절을 친 천사라는 것을 알게 됩니다. 천사와의 씨름으로 야곱은 평생 다리를 저는 불구자로 살아야 했지만, 하나님은 그 천사를 통해 야곱에게 이스라엘이라는 이름을 주시고 축복해 주셨습니다. 결국 야곱을 이스라엘로 바꾸는 축복의 방도였던 것입니다. 기억하시기 바랍니다. 내 인생의 원수 같은 그 사람이 바로 차원이 다른 인생을 살도록 이끄시기 위해 하나님이 보내 주신 천사입니다. 절대로 천적이 아닙니다.

내가 가진 장애에 묶이지 마십시오. 장애는 하나님이 우리를 새롭게 빚으시기 위해 주신 선물입니다. 우리가 할 일은 쥐가 나도록 힘주어 움켜쥔 손을 펴고 하나님께 붙들리는 것입니다. 우리가 잡고 있는 것을 내려놓고 하나님이 주신 장애를 당당히 복의 통로로 삼는다면 우리를 통해 하나님은 수많은 일을 이루어 가실 것입니다.

Q&A

Q. 하나님은 에서가 아니라 욕심 많고 속임수나 쓰는 야곱을 왜 굳이 믿음의 계보자로 선택하셨을까요?

성경은 하나님이 정말 자격 없는 사람을 불러서 사용하신다고 증언하고 있습니다. 야곱과 같은 형편없는 사람도 이스라엘로 변화시키시는 분이 하나님입니다. 그래서 우리도 희망이 있는 겁니다. 사실 우리들 대부분은 야곱처럼 형편없는 사람들 아닙니까? 한번 손에 쥐면 좀처럼 놓을 줄 모르고, 내가 가진 것 빼앗길까 봐 전전긍긍하고, 심지어 남의 것을 호시탐탐 노리기까지 합니다. 그런 우리가 하나님께 붙들리면 놀랍게도 타인을 배려하고 축복하는 사람이 됩니다. 야곱은 죽음을 앞두고 열두 아들을 축복하는데, 그들의 인생을 축복하며 예언하는 데까지 영적으로 성숙한 모습을 보입니다. 성경은 우리도 야곱과 같은 성숙에 이를 수 있다고 말하고 있습니다.

Q. 목사님의 인생에 걸림돌이 되는 장애는 무엇입니까? 그 장애가 야곱처럼 축복이 되었습니까?

한두 가지가 아닙니다. 이미 말했듯이 키가 작은 것이 콤플렉스였고, 눈도 나쁘고 곱슬머리인 것도 콤플렉스였습니다. 제 곱슬머리를 보고 어떤 친구는 모차르트와 슈베르트를 합쳐서 '모베르트'라 부르기도 했고, 어떤 친구는 '사이먼 앤 가펑클'이라고 불렀지만 마음이 불편했습니다. 그밖에도 여러 가지로 많습니다. 저는 외모나 가정환경 등 여러 가지 것들 때문에 굉장히 장애가 많다고 생각했습니다.

그런데 인생의 장애는 그저 장애이기만 하지 않습니다. 야곱이 그랬듯이 하나님께 묶이는 인생이 되면 장애는 차원이 다른 삶으로 이끄는 선물이 됩니다.

구원이란 우리가 스스로 묶었던 것에서 풀려나는 것입니다. 우리가 가졌던 죄책감, 죄의식은 무거운 짐입니다. 인생에서 죄책감보다 무거운 짐이 없습니다. 거기서 풀려나는 자유를 경험하면 다시 그 죄의 세계로 돌아가고 싶은 생각이 없어집니다. 사실 눈에 보이는 것은 장애가 아닙니다. 우리 내면의 장애, 하나님을 모르는 장애가 눈에 보이는 어떤 것보다도 큰 장애입니다. 예수님과 상관없는 삶을 사는 것보다 큰 장애는 없습니다.

이 세상에 많은 쾌락과 즐거움이 있지만 그것을 좇다 보면 반드시 거기에 묶입니다. 노름을 좇다가 도박 중독이 되고, 마약을 좇다가 마약 중독이 됩니다. 인생이 주는 어느 것도 우리를 자유롭게 하지 못합니다.

영국의 한 백화점 CEO가 인생에 돈으로 해결하지 못할 것이 없다고 믿고 일생 힘써 돈을 벌었습니다. 그런데 결정적으로 돈으로 해결되지 않는 게 있다는 걸 알게 되었답니다. '내 인생의 의미는 무엇인가?' 이 질문의 답은 결코 돈으로 살 수 없음을 깨달은 것입니다. 차도 사고 비행기도 사고 호화 주택도 샀지만 그게 인생에 의미를 주지는 않았던 것이지요.

인생의 의미는 오직 하나님을 통해서만 발견할 수 있습니다. 우리 마음속에는 하나님만이 채울 수 있는 공간이 있다는 걸 깨달을 때 인생의 새로운 차원을 발견하게 됩니다. 하나님을 모르는 것이 가장 큰 장애입니다. 하나님을 아는 순간 인생의 어떤 것도 더 이상 장애가 아님을 깨닫게 됩니다. 팔다리가 없는 중증 장애인인 닉 부이치치가 도리어 육신은 멀쩡하지만 인생의 의미를 잃어버린 수많은 사람들에게 예수님을 선물하는 인생을 살고 있습니다. 우리 인생에 예수 믿기로 결정하는 것보다 더 좋은 선택, 더 위대한 결단은 없습니다.

4장

꿈이
이루어지는 복

하나님의 꿈은 모든 것을 살린다

과거에 묶인 사람은
미래로 달려가지 못합니다.
요셉이 그 많은 고난 중에도
꿈을 잃지 않았던 것은 그 꿈이
목숨을 던져서라도 지킬 만한
가치가 있었기 때문입니다.
고난의 깊이는 꿈의 가치를
결정합니다.

하나님의 꿈을 소유한 사람은
자기 인생을 다 던져서라도
그 꿈을 놓치지 않습니다.

살다 보면 복이 화가 되고 화가 복이 되는 경우를 많이 목도하게 됩니다. '새옹지마' '전화위복'과 같은 사자성어들이 그와 같은 인생의 깊은 경험을 담아내고 있습니다. 짧게 보면 복인 것 같은데 길게 보면 화가 되는 일들이 있고, 그 반대로 지금 당장은 화인 것 같은데 시간이 지나면서 복이 될 때도 많습니다.

때문에 우리가 살아갈 때 어떤 상황을 좁게 보고 성급하게 판단해서는 안 됩니다. 우리는 아브라함, 이삭, 야곱의 이야기를 통해 성경은 세상이 생각하는 복과는 다른 복을 말하고 있음을 살펴보고 있습니다.

우리는 돈 많이 벌고, 지위가 높아지고, 좋은 환경에서 사는 것이 복이라고 말하기 쉽지만, 그건 그냥 그렇게 사는 것일 뿐입니다. 돈이 많다는 것은 부자라는 사실일 뿐 결코 복은 아닙니다. 사회적 지위가 높은 사람들은 단지 지위가 높을 뿐 그 자체가 복은 아닙니다. 재벌이나 권력자들 가운데 불행한 사람들을 수없이 봅니다. 그들은 일반적으로 사람들이 생각하는 것보다 훨씬 더 큰 고통을 겪고 있습니다.

성경을 통해서 우리는 진짜 복이 무엇인지를 아는 소중한 지혜를 배울 수 있습니다. 아브라함에서 시작되는 믿음의 물줄기가 이삭, 야곱, 요셉으로 계승되고 있습니다. 복의 물줄기를 통해 믿음이 전해지고 하나님과 동행하는 삶이 전수됩니다.

인생의 가장 큰 복은 사랑이신 하나님, 전능하신 하나님, 아빠이신 하나님과 평생을 함께하는 것입니다.

꿈의 성취가 타인에게 고통이 된다면

　요셉은 야곱의 열한 번째 아들입니다. 야곱이 그 누구
보다 사랑한 여인 라헬이 바라고 또 바라다 겨우 얻은 아
들이 요셉입니다. 사랑하는 여인이 그토록 바란 아들이었
기에 야곱은 요셉을 특별히 더 사랑했습니다. 당시 매우
귀한 옷감이었던 채색옷을 해 입히면서까지 야곱은 요셉
을 모든 아들들보다 더 사랑했습니다. 그러나 부모의 편
애야말로 가장 큰 화근이 아니겠습니까? 아버지의 극심한
편애 때문에 형들은 요셉을 더 미워하게 되었습니다. 아버
지에 대한 분노를 힘없는 동생에게 쏟아 부은 것입니다.
　더구나 어린 요셉은 좋게 말하면 정직했고 달리 말
하면 눈치가 없었습니다. 형들이 숨기고 싶어 하는 비밀
을 아버지한테 일러바치는가 하면, 형들이 아니라 누가
들어도 기분이 몹시 나쁠 자신의 꿈 이야기를 온 가족 앞
에서 자랑스럽게 얘기했습니다. 형들의 곡식단이 자신의
곡식단을 둘러서서 절을 하더라, 그리고 해와 달과 열한
별이 자기한테 절하더라는 꿈 이야기를 겁 없이 옮긴 것
입니다.

형들은 그런 요셉을 눈엣가시처럼 여기다 마침내 어느 날 아버지 심부름으로 자신들을 찾아 온 요셉을 애굽으로 가는 사막의 상인들에게 팔아 버립니다. 이때부터 꿈꾸는 자 요셉의 고난이 시작됩니다.

성경을 보면 꿈은 곧 고난입니다. 열정은 곧 고난입니다. 꿈을 꾸는 자, 열정적인 사람들에겐 고난이 따릅니다. 영화〈패션 오브 크라이스트〉(The Passion of The Christ)에서 'The Passion'은 '열정'을 뜻합니다. 그러나 또 다른 의미는 '고난'입니다. 패션(Passion)은 열정이면서 고난입니다.

'꿈은 이루어진다', 이것은 2002년 월드컵의 슬로건이었습니다. 그 슬로건대로 우리나라는 월드컵에서 첫 승리를 거두었고, 더구나 4강에 오르는 기염을 토했습니다. 온 나라가 하나되어 "대한민국"을 외쳤던 그 열광의 도가니는 지금도 우리 모두의 기억 속에 남아 있는 감동입니다. 하지만 20년 가까이 지난 지금 영광의 월드컵 신화에 열광했던 흔적은 어디에서도 찾아보기 힘듭니다. 인간의 꿈이란 이처럼 허망한 것입니다.

최고 권력자인 대통령이 그토록 일생 꿈꾸던 자리에 올라 국정을 운영하다 퇴임 후 허망하게 인생이 추락하는 것을 우리는 자주 보았습니다. 최고의 권력을 손에 쥐면 자신이 꿈에 그리던 세상으로 변화시킬 수 있을 것 같지만, 실제로는 자신도 세상도 도탄에 빠뜨리는 위험천만한 지도자가 되기 십상입니다. 역대 대통령들이 재임 중에 온갖 비리와 부패에 연루되는 것을 보면 안타깝기만 합니다.

인간의 꿈이란 이렇듯 한 사람의 불굴의 야망이거나 탐욕스러운 욕망에 불과하기 쉽습니다. 한 사람의 꿈은 이처럼 허망하고 한계가 분명합니다. 직장에서 열심히 일한 결과 승진을 하거나 임원이 되었다고 반드시 행복해지는 것도 아닙니다. 그로 인해 불행하다고 여기거나 비탄에 빠지는 사람이 나를 시기하고 질투하기 때문입니다. 요셉의 형들이 시기와 질투에 눈이 멀어 동생을 상인들에게 팔아 노예로 전락시킨 것처럼, 나의 승승장구를 질투하는 누군가가 나를 넘어뜨리기 위해 덫을 놓고 함정을 파는 일은 지극히 흔합니다. 이렇듯 내 야망의 성취는 나자신은 물론 타인에게도 감당할 수 없는 고통을 안겨 줄수 있습니다.

하지만 요셉이 꾼 꿈, 즉 곡식단이 절을 하고 해와 달과 별이 절하는 꿈은 요셉 개인의 야망이거나 욕망이 아닙니다. 하나님이 주신 꿈입니다. 하나님이 주신 꿈은 나와 내 이웃에게 축복과 생명이 됩니다. 요셉은 세월이 흐른 뒤 결국 형들의 절을 받는 위치에 올랐습니다. 그러나 요셉의 꿈의 성취는 궁극적으로 자신과 타인에게 고통을 안겨 준 것이 아니라 가족과 민족을 구원하는 복의 통로가 되었습니다.

인생에게 행하시는 하나님의 꿈

요셉은 꿈꾸는 자였습니다. 그는 애굽의 노예로 팔리고 모함을 받아 감옥에 갇히는 등 몹쓸 고난을 겪었으나 결코 낙심하거나 절망하지 않았습니다. 그는 꿈을 잃지 않았습니다. 그의 인생을 통해 일하시는 하나님을 매 순간 기억함으로써 자신의 정체성을 잃지 않았기 때문입니다. 하나님이 주신 꿈은 요셉을 일으켜 세우는 힘의 원천이었습니다.

그는 자기 정체성을 잃지 않았기 때문에 어떤 고난 속에서도 낙심하지 않았고, 어떤 고통 가운데서도 포기하지 않았습니다. 형들은 요셉을 사막의 상인들에게 팔면서 비웃었습니다. "어디 네 잘난 꿈이 어떻게 되는지 한번 보자"고 별렀습니다. 그만큼 요셉의 꿈은 형들을 불편하게 했고 위협적이기까지 한 것이었습니다.

우리는 요셉의 이야기를 이미 처음부터 끝까지 다 알기에 별 감동 없이 읽을 때가 많습니다. 그러나 당사자의 입장이 되어 보십시오. 기막힌 사연 아닙니까? 비록 배다른 형들이지만 피를 나눈 형제에게 버림받아 노예가 되었을 때 얼마나 참담했겠습니까? 보디발의 부인이 모함해서 감옥에 갇혔을 때는 또 어땠겠습니까? 꿈을 해석한 대가로 감옥에서 벗어날 줄 알았는데 오랜 시간 기다려도 아무 일도 일어나지 않았을 때 얼마나 절망스러웠겠습니까?

우여곡절 끝에 총리가 된 요셉은 형들이 흉년에 양식을 구하러 와서 그에게 머리를 조아렸을 때 '과연 내 꿈이 이루어졌다'고 기뻐했을까요? 아닙니다. 요셉은 형들이 보이지 않는 곳에 가서 대성통곡을 했습니다. 왜 울었습니까? 꿈을 주신 이도 하나님이요 꿈을 이루신 이도 하나님이라는 사실 앞에 두렵고 떨리는 마음과 한없는 감사가 벅차올랐기에 폭포수처럼 눈물을 흘렸던 것입니다.

그리고 마침내 하나님이 요셉에게 그 같은 꿈을 준 이유가 드러났습니다. 바로 아브라함으로부터 내려오는 믿음의 계보를 만들기 위해서였습니다. 야곱을 비롯한 70명의 자손은 요셉 덕분에 고센 땅에 와서 흉년을 피할 수 있었습니다. 뿐만 아니라 야곱의 열두 아들을 통해 큰 민족을 이루시기 위한 하나님의 계획이 어린 시절 요셉이 꾸었던 꿈의 실현을 통해 현실이 되고 있었습니다.

야곱의 무리가 정착한 고센 땅은 애굽의 중심에서 제법 떨어진 곳이었습니다. 당연히 애굽의 왕족이나 귀족이 살지 않았습니다. 그들의 괜한 오해나 트집, 핍박을 받을 일이 없는 곳이었습니다. 더구나 야곱 일가는 애굽 사람들이 당시 가장 멸시하고 천대하는 '가축 치는 자'였습니다. 자연히 애굽 사람들의 텃새에 시달릴 이유도 없었습니다.

이렇게 해서 야곱의 가족은 애굽에서 안전하게 살면서 이스라엘이라는 나라를 이루는 민족으로 성장할 수 있었습니다.

하나님의 꿈을 품은 자의 넓이

야곱은 애굽 땅에서 숨을 거두게 됩니다. 아들이 애굽의 총리였기에 야곱의 장례는 그 누구보다 성대했고 호화로웠습니다. 열두 아들에게 그들의 인생을 예언하는 축복 기도를 한 후 야곱은 아름답게 떠났습니다.

그런데 그런 아버지의 마지막을 흔연하게 떠나보내지 못하는 사람들이 있었습니다. 바로 요셉의 형들입니다. 아버지 야곱이 죽자 요셉의 형들은 요셉이 드디어 복수의 칼날을 휘두를지도 모른다는 두려움에 빠졌습니다. 요셉과 화해하고 그의 용서를 받았지만 그들은 동생의 진심을 믿지 못했고 스스로 목숨의 위협을 느꼈습니다.

요셉의 형제들이 그들의 아버지가 죽었음을 보고 말하되 요셉이 혹시 우리를 미워하여 우리가 그에게 행한 모든 악을 다 갚지나 아니할까 하고 요셉에게 말을 전하여 이르되 당신의 아버지가 돌아가시기 전에 명령하여 이르시기를 너희는 이같이 요셉에게 이르라 네 형들이 네게 악을 행하였을지라도 이제 바라건대 그들의 허물과 죄를 용서하라 하셨나니 당신 아버지의 하나님의 종들인 우리 죄를 이제 용서하소서 하매 요셉이 그들이 그에게 하는 말을 들을 때에 울었더라 그의 형들이 또 친히 와서 요셉의 앞에 엎드려 이르되 우리는 당신의 종들이니이다 요셉이 그들에게 이르되 두려워하지 마소서 내가 하나님을 대신하리이까 당신들은 나를 해하려 하였으나 하나님은 그것을 선으로 바꾸사 오늘과 같이 많은 백성의 생명을 구원하게 하시려 하셨나니 당신들은 두려워하지 마소서 내가 당신들과 당신들의 자녀를 기르리이다 하고 그들을 간곡한 말로 위로하였더라 창 50:15-21

이 말씀을 보면 형들이나 요셉이 예전에 어린 요셉을 애굽으로 팔아넘긴 사실을 끝내 아버지에게 말하지 않았음을 알 수 있습니다. 만일 야곱이 어린 요셉에게 형들이 한 짓을 알았다면 마지막 순간 그 아들들에게 축복 기도를 해줄 수는 없었을 것입니다.

여기서 형들의 두려움을 안 요셉의 반응이 참으로 놀랍습니다. 이 모든 일이 야곱과 그 족속을 구원하려는 하나님의 계획이었다는 것입니다. 요셉은 형들의 자녀들까지 안전하게 책임지겠다고 약속합니다.

　하나님의 꿈, 그 꿈이 우리에게 필요한 이유는 이 때문입니다. 하나님과 상관없는 꿈은 야망에 불과해서 내 꿈을 방해하거나 내 꿈을 꺾는 사람을 용서할 수 없습니다. 수단과 방법을 가리지 않고 그들을 제거하고서라도 내 꿈을 이루고자 합니다. 그 꿈을 위해서라면 사람도 가족도 사랑도 수단으로 삼습니다. 한편, 그 야망이 꺾였을 때에는 끝없이 분노하고 원한에 사무치고 절망에 빠집니다.

　그러나 하나님의 꿈을 소유한 사람은 어느 누구도 나를 위한 수단으로 삼지 않습니다. 비록 억울한 일을 당하고 핍박을 받을지라도 그로 인해 분노에 사로잡히지 않습니다. 믿음의 사람은 과거가 아니라 미래를 향해 나아갑니다. 요셉은 모함을 수없이 받았지만 분노의 사람이 되지 않았습니다. 그 마음에 분노의 찌꺼기도 남아 있지 않았습니다. 요셉이 과거에 매이지 않을 수 있었던 것은 그가 오직 하나님의 꿈을 소유했기 때문입니다.

　마음에 분노가 있습니까? 그것만 생각하면 자다가도 벌떡 일어나는 억울한 사건이 있습니까? 그 사건을 기억할 때마다 내 안에서 걷잡을 수 없이 치밀어 오르는 화가 있습니까? 마음에 화가 있다는 것은 그 삶이 과거에 매여 있다는 뜻입니다. 과거에 묶인 사람은 미래로 달려가지 못합니다. 내 안에 분노를 일으키는 과거에 묶이지 않기를 바랍니다. 믿음의 사람, 꿈의 사람은 용서의 사람입니다. 미래의 사람이 되고자 한다면 하나님의 꿈을 품으시기 바랍니다. 그럴 때 과거의 지배를 받지 않게 되고 미래가 이끄는 삶을 살게 됩니다.

요셉은 이미 오래전에 형들을 용서했습니다. 요셉은 꿈이 큰 사람이었기 때문에 용서하는 사람이 될 수 있었습니다. 꿈이 큰 사람은 자기 앞에 놓인 분명한 푯대를 보고 열정을 다해 달려가기 때문에 사람들의 시기와 질투, 해코지, 모함 따위에 마음을 뺏기지 않습니다. 사람들이 주는 상처 때문에 삶이 꺾이지 않습니다. 요셉은 용서했기 때문에 현실에 몰입할 수 있었고, 주어진 환경에 최선을 다할 수 있었습니다.

그런데 정작 요셉을 상인들에게 팔아 버린 형들은 과거의 일을 잊지 못하고 있습니다. 총리라는 직분을 이용해 요셉이 자신들에게 어떤 해코지를 할까 늘 두려움에 사로잡혀 살고 있습니다. 야곱이 살아 있는 동안 요셉이 그 일을 아버지에게 털어놓을까 노심초사하더니, 아버지가 죽자 아버지의 그늘이 사라진 것에 더 크게 상심하며 두려워합니다.

형들의 얘기를 듣고 요셉은 다시 울었습니다. 요셉이 왜 울었을까요? 형들이 안타까워서 울었습니다. 과거에 지은 죄에 묶여서 미래를 향해 나아가지 못하는 형들이 안타까워서 울었습니다. 하나님의 꿈과 상관없는 삶을 사는 것이 애통해서 울었습니다.

요셉은 비록 그들이 악한 마음으로 자신을 상인들에게 팔아넘겼지만, 하나님은 형들의 악한 행위를 통해서도 아버지와 형들의 인생을 구원하셨다고 과거를 해석해 줍니다. 악을 선으로 갚으시는 하나님, 악으로도 선을 이루시는 하나님을 들려준 것입니다.

하나님의 꿈은 모두를 살린다

요셉이 당한 사건은 예수님의 십자가 사건과 오버랩됩니다. 예수님도 이스라엘 백성의 악한 의도로 십자가에 달려 돌아가셨으나, 하나님은 이 십자가를 통해 온 인류를 구원하는 역사를 이뤄 내셨습니다. 우리는 용서할 수 없는 죄를 저지르나 하나님은 그 모든 악에도 불구하고 악을 선으로 갚으시는 분입니다.

많은 사람들이 십자가 모양의 목걸이를 하고 다닙니다. 예수님은 십자가를 지고 나를 따르라고 했지 십자가를 장식품으로 달고 다니라고 하지 않으셨습니다. 십자가에 갖가지 보석으로 장식해서 달고 다니는데 그것이 과연 십자가를 지신 예수님의 뜻에 합당한 것인지 생각해 볼 일입니다. 저는 교회 지붕에 십자가를 다는 것도 석연치 않습니다. 예수님은 십자가 위에 교회를 세우셨지 교회 위에 십자가를 매달지 않으셨습니다. 겸손하게 각자 자기의 십자가를 지고 예수님이 가신 길을 따르는 것이 십자가를 바르게 알고 제대로 이해하는 모습입니다.

하나님이 주신 꿈을 소유했기에 요셉은 과거도 현재도 그리고 미래도 하나님의 관점에서 해석할 수 있었습니다. 그는 하나님이 형들을 통해 이스라엘의 열두 지파를 이루어 가실 것이라고 해석했습니다. 그런 하나님의 관점을 가졌기에 요셉은 형들을 용서할 수 있었고 그들과 화해함으로써 함께 이스라엘의 초석을 만들어 갈 수 있었습니다. 만일 요셉이 복수를 위해 형들을 처단했다면 이스라엘이라는 나라는 존재할 수 없었을 것입니다.

하나님의 꿈을 소유하는 복을 받은 요셉, 그러나 이 꿈으로 그는 누구보다 힘겨운 고난의 세월을 살아야 했습니다. 우리 모두는 하나님의 꿈을 소유하길 바라지만, 거기에는 반드시 고통스러운 과정이 따르게 된다는 사실을 기억해야 합니다.

그럼에도 하나님의 꿈을 소유한 사람은 자기 인생을 다 던져서라도 그 꿈을 놓치지 않습니다. 요셉이 그 많은 고난 중에도 꿈을 잃지 않았던 것은 그 꿈이 내 목숨을 던져서라도 지킬 만한 가치가 있었기 때문입니다. 내 목숨보다 소중한 가치를 발견한 인생이란 얼마나 존귀합니까? 내 목숨보다 소중한 꿈에 붙들린 사람보다 이 세상에서 행복한 사람이 있겠습니까? 그리고 내 목숨보다 소중한 꿈이 이루어지는 것을 목격하는 것보다 성공한 인생이 있겠습니까? 그 꿈을 가진 사람은 세상이 감당할 수 없습니다. 그는 이미 세상을 이긴 사람입니다.

저는 쉰세 살에 비로소 꿈을 품게 되었습니다. 그 전

에 25년간 뉴스를 전하는 삶을 살았지만, 하루도 빠짐없이 매일 성실하게 전한 그 뉴스들이 그 누구도 살리지 못하는 것을 보았습니다. 살아나기는커녕 매일 밤 그 부담감으로 제 인생이 소진되는 것을 경험했습니다. 그러다 쉰세 살이 되어서야 말씀을 읽고 거기에 생명이 있음을 발견했습니다. 누구든지 하나님의 말씀을 경험하면 다시 살아난다는 것을 알았습니다. 그래서 세상 뉴스를 전하는 입이 되지 말고 하나님 나라의 뉴스, 곧 복음을 전하는 입이 되기로 마음먹었습니다.

하지만 그때부터 고난이 시작됐습니다. 늦은 나이에 신학교에 들어가 공부하면서 하루 두세 시간밖에 잠을 자지 못했습니다. 입이 두 번이나 돌아가고 심장수술도 세 번이나 했습니다. 그래서 불행했을까요? 아닙니다. 당장 죽어도 아깝지 않을 소중한 꿈을 발견했기에 그 고난조차도 감사한 일이었습니다. 성경을 읽어 가면서 고난의 깊이가 오히려 꿈의 가치를 결정한다는 믿음을 갖게 되었습니다.

하나님의 말씀이 제 인생에 생명을 주었듯이 제가 전하는 말씀을 듣고 살아나는 사람이 있습니다. 자기밖에 모르던 사람이 가족이 당한 아픔 때문에 평생 처음 눈물을 흘리고 까닭 모를 긍휼함 때문에 어려움을 겪는 이웃을 돌보는 모습을 봅니다. 하나님의 꿈을 품고 나서 과거에 매어 있던 삶을 떨쳐 버리고 미래로 나아가는 것을 봅니다. 그 변화를 확인하는 것만으로도 너무나 기쁘고 행복하기에 어떤 것도 힘들다고 말하지 않습니다. 사실 누구나 힘듭니다. 무슨 일을 하건 열심을 다하는 사람들은 힘들지 않은 이가 없습니다. 그러나 하나님의 꿈을 좇기 시작하면 하나님은 언제나 고난보다 더 큰 능력, 고난을 이기고 남을 능력을 주십니다.

인간의 나이가 몇이든 하나님이 쓰시지 못할 사람은 없습니다. 하나님께 붙들려서 하나님이 주시는 꿈을 발견하게 되기를 바랍니다. 진정한 꿈의 사람이 될 때 나를 묶고 있던 모든 과거에서 풀려나 놀라운 자유와 기쁨을 맛보게 될 것입니다. 그 꿈 때문에 인생을 전혀 새로운 눈으로 바라보게 될 것입니다.

Q. 내 꿈(야망)과 하나님의 꿈을 어떻게 구분할 수 있을까요?

내 꿈이 성취되면 누군가가 불행해질 수도 있습니다. 하지만 하나님이 주신 꿈은 성취되면 나도 기쁘고, 다른 사람도 기쁩니다. 예를 들어, 어느 남편이 누구보다 돈을 많이 벌기 위해 가정을 돌보지 않고 자기가 목표한 돈을 벌었다고 합시다. 그의 꿈은 성취되었을지 모르나 그를 둘러싼 사람들은 많이 다쳤을 것입니다. 누구보다 가족이 상처를 많이 받았겠지요.

　1960~1970년대 우리나라가 모토로 삼은 것이 '잘살아 보세'였습니다. 온 나라가 허리띠를 졸라매고 경제 발전을 위해 매진했습니다. 그 결과 전 세계 어디서도 유례가 없는 경제 성장을 이룩했습니다. 그러나 지금 우리나라 사람들은 전혀 행복하지 않습니다. 자살률이 OECD 국가 중 1위입니다(2016년 기준). 온 국민이 열심히 일해서 돈을 버는 동안 우리

는 무엇을 잃어버렸을까요? 가족이라는 가치를 잃어버렸습니다. 자녀라는 소중한 존재를 잃어버렸습니다. 더불어 살아야 할 이웃을 잃어버렸습니다. 경제 성장이라고 하는 국가적 꿈은 이루었지만, 그로 인한 고통이 만만찮습니다.

제 경우 '그리스도의 풍성을 다른 사람에게 전하라'는 성경 말씀에서 꿈을 발견했습니다. 그리스도 안에서 너무 큰 보화를 발견했고, 너무나 놀라운 기쁨을 맛보았습니다. 이것은 단순한 쾌락의 기쁨이나 만족이 아닙니다. 진정한 영혼의 기쁨을 맛보았기 때문에 이것을 누군가에게 전하는 게 꿈이 된 겁니다. 지금도 그 꿈이 이루어지고 있는 것을 지켜보고 있습니다.

저는 대학에서 정치학을 전공하고 오랫동안 정치부 기자로 일했습니다. 권력이 무엇인지도 잘 알고 많은 정치인과 네트워크도 가지고 있었으므로 정치인이 될 수도 있었습니다. 그러나 정치인은 내 꿈 내 야망이었을 뿐입니다. 반면에 목회는 하나님으로부터 비롯된 꿈으로 저는 목회가 아무리 어려워도 그만한 가치가 있음을 발견했습니다.

하나님의 꿈은, 비록 그 꿈을 이루는 나는 고통을 겪을지 모르나 내 주변 사람들은 살아나게 합니다. 생명의 회복이 일어나는 것입니다. 성경은 돈을 얘기하지 않습니다. 권력을 얘기하지 않습니다. 인기를 말하지 않습니다. 성경이 말하는 가치는 딱 하나, 바로 생명입니다. 이 생명은 사랑과 동의어입니다. 그래서 성경은 서로 사랑하라고 말합니다. 인간적인 꿈이 아닌 하나님의 꿈을 우리 모두가 품게 되기를 바랍니다.

Q. 믿음과 신념을 어떻게 구별할 수 있을까요?

믿음과 신념의 차이를 구분할 필요가 있습니다. 그런데 신념도 믿음이에요. 신념은 생각을 믿는 겁니다. 예를 들어, '돈을 벌면 행복하다'는 신념입니다. 이 신념이 집단적 트렌드를 이루면 이념이 됩니다.

그러나 믿음은 인간의 생각에서 비롯되는 게 아니라 하나님에게서 비롯됩니다. 내 안에서 일어나는 생명 현상 때문에 믿음이 생깁니다. 믿음은 내가 그렇게 중요하지 않습니다. 우리가 믿는 대상인 하나님이 중요합니다. 그래서 하나님을 믿는 것은 나로부터 점점 풀려나는 자유를 경험하는 일입니다.

반면에 신념은 나를 점점 더 구속합니다. 어떤 생각이 나를 묶어 점점 더 옥죄입니다. 모든 이념은 인간을 불행하게 만들지요. 파시즘, 나치즘, 공산주의가 얼마나 많은 사람들을 불행하게 만들었는지 우리는 역사를 통해 너무나 잘 알고 있습니다. 자본주의 역시 오늘날 생태계를 파괴하는 주범이며 인간 노동의 소외를 일으켜 인간성을 변질시키고 있습니다.

하나님을 믿는 믿음은 하나님의 생명에서 비롯됩니다. 그래서 요한복음은 '하나님 말씀이 곧 생명'이라고 말하고 있습니다. 그 말씀이 우리에게 들어오면 우리에게 믿음이 생깁니다. 내 신념이나 생각에서 비롯된 믿음이 아니라 말씀에서 오는 믿음입니다.

저는 맹목적으로 믿으라고 말하지 않습니다. 성경은 역사적 사건입니다. 꾸며 낸 이야기가 아닙니다. 출애굽은 사실이지 소설이 아닙니다. 예수님이 이 땅에 오셔서 십자가를 지고 사흘 만에 부활하신 사건은 사실이지 소설이 아닙니다. 만일 이것이 꾸며 낸 이야기라면 예수님의 열두 제자를 비롯해 역사상의 수많은 순교자들을 설명할 수가 없습니다. 지금 이 시대에도 예수님에 대한 신앙 때문에 순교하는 사람들이 이어지고 있습니다. 그들은 죽음조차 두렵지 않은 진정한 믿음을 소유한 사람들입니다.

믿음이 맹목적이지 않으려면 먼저 사실을 아는 것이 중요합니다. 그러면 감정이 뜨거워지더라도 말씀이 결코 우리의 이성을 마비시키지 않습니다. 오히려 이성을 회복시켜 의지적인 믿음을 결단하도록 이끕니다. 그 믿음으로 나아가게 될 때 어떤 일이 있어도 맹신이 되지 않습니다.

가령, 2천여 년 전에 죽은 청년 예수가 왜 죽었는가, 어떻게 죽었는가, 그 죽음이 가져온 것이 무엇인가를 사실로 이해하고 나면 그 청년 예수의 죽음이 오늘 나와 무슨 상관인가가 감정적으로 다가올 때가 있습니다. 이 감정적인 반응을 거친 뒤에 그의 죽음과 부활에 동참해야 한다는 이성적인 믿음과 의지적인 결단을 소유하게 됩니다.

성경 내용이 이해되지 않는다면 무턱대고 믿으려고 하지 마십시오. 그저 읽되 기도하며 읽으십시오. 때로 "하나님, 당신이 정말 살아 계신다면 그 사실을 제가 믿을 수 있도록 해 주세요"라고 도전하는 기도를 해도 좋습니다. 성경에는 이렇게 도전한 사람들의 얘기가 나옵니다.

그런데 한 가지 유의할 것은, 하나님은 우리를 누구나 동일한 방법으로 부르거나 만나 주지 않으신다는 사실입니다.

어떤 사람은 혼자서 통곡하다가 하나님을 만나기도 하고, 어떤 사람은 침대 곁에서 조용히 묵상하다가 하나님을 만나기도 하고, 어떤 사람은 여행 중에 너무 가난한 동네에 갔다가 하나님을 만나기도 합니다. 하나님은 각양각색으로 만나시고 믿음을 주십니다.

기독교를 신념으로 믿는 사람들도 있습니다. 오른뺨을 맞으면 왼뺨을 돌려 대라, 오 리를 가자면 십 리를 가 줘라, 겉옷을 달라면 속옷까지 줘라, 이렇게 주옥같은 말씀을 의지적으로 따르며 믿는 것입니다. 말씀을 신념으로 믿는 사람은 '하나님은 이런 분일 것이다, 예수님은 이런 분이어야 한다'는 생각을 가지고 있습니다. 하나님을 인격적으로 만난 적이 없기에 자기 신념으로 하나님과 예수님의 이미지를 만드는 것입니다. 이런 사람들은 대체로 고난이 오면 믿음을 잃어버리기 쉽고 아니면 고난을 통과하면서 더욱 교만해집니다. 내 생각과 다른 하나님을 인정하지 않기 때문에 다른 사람의 신앙에 대해 항상 비판적입니다.

때문에 우리의 믿음이 나의 신념은 아닌지 또는 무턱대고 믿는 맹신은 아닌지 스스로 분별해야만 합니다. 우리 모두가 하나님이 주신 선물로 믿음을 갖게 되기를 바랍니다.

Q. 말씀이 믿어지지 않으면 어떻게 해야 할까요?

저는 정말이지 의심 많은 도마와 같은 사람이었습니다. 저의 전직이 기자입니다. 기자는 항상 의심해야 하는 직업에 종사하는 사람입니다. 어느 누구도 쉽사리 믿어서는 안 되는 일을 하는 사람입니다. 사실 어느 누가 기자를 순수한 의도로 만나겠습니까? 제가 경험한 취재원은 기자들에게 두 가지 목적을 갖고 접근합니다. 자기 자랑을 하려고 만나거나 누군가를 헐뜯기 위해 만나기를 원합니다. 자기한테 유리한 말을 하기 위해서거나 누군가에게 불리한 말을 하기 위해 기자를 만나지요. 그러니 기자는 누구도 섣불리 믿지 못합니다. 직업적인 버릇 때문인지 저는 성경도 믿지 못하고 믿어지지 않아서 끊임없이 질문하고 따졌습니다.

한때는 창조론이 안 믿어진다고, 그게 말이나 되는 거냐고 하나님께 따져 묻곤 했습니다. 그런데 하나님은 놀랍게도 나의 모든 질문에 대답하는 사건을 만들어 주셨습니다. 창조론이 믿어지지 않는 제게 지금은 소천하신 한동대 김영길 전 총장님을 사흘 동안 만나게 하신 일이 있었습니다. 집에 찾아가서 밤샘 토론까지 하다가 결국 창조론을 받아들이게 되었지요. 그런가 하면 어느 날은 제가 하나님께 질문한 것에 대한 대답이 고스란히 담긴 테이프와 책이 제 손에 전달되기도 했습니다.

너무 의심 많은 것도 문제이지만 안 믿어지는데 믿는 체하는 것은 더 큰 문제라고 생각합니다. 안 믿어지면 안 믿어지는 대로 인정하는 것이 중요합니다. 안 믿는데 믿는 것처럼 행동하기 때문에 믿지 않는 사람들이 고개를 갸웃거리고 조소하는 것입니다.

5장

발에서 신을
벗는 복

**나를 깨뜨렸을 때
주가 시작하신다**

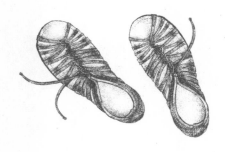

모세는 이드로의 양을 치다
인생이 끝날 수도 있었지만
하나님이 그를 불러 신을 벗기심으로
새로운 정체성을 갖게 되었습니다.
그는 이제 왕궁의 사람도 아니요
광야의 사람도 아닙니다.

그는 하나님의 사람입니다.

하나님이 인생을 써 내려가신다

성경 인물 중 가장 널리 알려진 이가 모세일 것입니다. 영화나 연극으로도 자주 제작되어 누구나 모세 이야기를 잘 알고 있습니다. 그런데 모세의 일생을 깊이 알면 알수록 그 인생을 써 내려간 주체가 하나님임을 알게 됩니다. 들여다볼수록 모세의 일생은 하나님의 이야기입니다.

모세가 태어나던 때 애굽의 환경은 히브리인에게 매

우 어두운 상황이었습니다. 요셉이 죽고 난 이후로 히브리인은 한 민족을 이룰 만큼 번성했으나, 새롭게 세워진 애굽의 왕조는 이를 국가에 대한 큰 위협으로 간주해 히브리인을 집단 노예로 만들었습니다. 애굽 사람들이 히브리 민족을 얼마나 두려워했던지 바로는 히브리인의 사내아이는 태어나는 즉시 나일강에 버리라는 칙령을 내렸습니다. 무리를 이루면 반란을 일으키기도 쉽거니와 다른 민족과 손을 잡고 애굽을 궁지에 빠뜨릴 수 있다고 보았기 때문입니다.

그렇게 모세는 태어나는 즉시 죽을 수밖에 없는 운명이었지만 모세의 부모가 그를 3개월간 숨겨서 키웁니다. 그리고 더 이상 숨길 수 없게 되자 갈대상자를 만들어 아기를 나일강에 띄웠습니다. 이때 마침 바로의 딸이 아기를 발견해 왕궁으로 데려다가 키우게 됩니다. '모세'는 공주가 지어 준 이름으로 '물에서 건져 올렸다'는 뜻입니다. 모세의 이름은 구원을 내포하고 있습니다. 구원이란, 죽을 수밖에 없는 생명이 건져 올려지는 것이기 때문입니다. 이처럼 모세의 이야기는 첫출발부터 하나님의 이야기임을 드러내고 있습니다.

모세는 애굽 바로의 왕궁에서 40년간 살게 됩니다. 애굽의 교육과 문화, 언어, 정치, 사회 등 모든 혜택을 받고 자란 것이지요. 그러던 어느 날 모세는 자신이 애굽인이 아니라 히브리인임을 자각하는 사건을 만나게 됩니다. 자기 동족인 히브리인이 고되게 노동하고도 애굽의 십장에게 매를 맞는 모습을 본 모세는 끓어오르는 분노를 이기지 못해 그만 애굽인을 돌로 쳐서 죽이고 맙니다.

왕궁에서 자라 아무 부족함 없던 모세가 왜 이런 위험천만한 일을 저질렀을까요? 아마도 모세는 어린 시절 유모로 들어와 자신을 보살핀 어머니의 영향을 받았을 것입니다. 공주가 데려와 키웠다지만 젖을 먹이며 사랑을 베푼 이는 유모로 들어온 자신의 어머니였던 것입니다. 그 어머니가 모세를 품에 안고 키우면서 히브리인의 정체성을 심어 주었을 것입니다.

모세는 이 일로 왕궁에서 도망쳐 나와 광야를 전전하게 됩니다. 40년간 왕궁에서 호화롭게 살았던 모세가 이 한 사건 때문에 도망자 신세로 전락했습니다. 모세 인생의 첫 번째 전환점입니다. 모세는 미디안 광야까지 도망쳐서 거기서 십보라와 결혼을 한 뒤 장인 이드로의 양 떼를 치며 삽니다. 모세가 왕궁에서 도망쳐 나와 광야를 방랑하던 이 경험은 나중에 출애굽하여 백성들을 이끌어 낼 때 백분 활용하게 됩니다.

모세는 이 미디안 광야에서 양을 치는 사람으로 40년을 살았습니다. 최고의 교육을 받고 최고의 환경에서 부러울 것이 없었던 모세가 몇 마리 양을 돌보는 목자의 일로 소일하며 아무 희망과 기대도 없이 40년을 산 것입니다.

하나님 앞에는 맨발로 서야 한다

그렇게 모세의 나이 팔십이 되던 어느 날, 호렙산 기슭에서 하나님을 만나면서 모세는 또다시 인생의 변곡점을 맞이하게 됩니다.

광야에선 뜨거운 태양 때문에 떨기나무에 불이 붙는 경우가 종종 있습니다. 하지만 주변에 나무가 많지 않은 데다 워낙 바짝 말라서 금세 재를 남기고 꺼집니다. 그런데 웬일인지 불이 붙은 한 떨기나무가 금방 재로 변하지 않고 오래도록 홀로 타고 있습니다. 모세가 이상히 여겨 다가갔더니 하나님의 음성이 들립니다.

> 모세가 그의 장인 미디안 제사장 이드로의 양 떼를 치더
> 니 그 떼를 광야 서쪽으로 인도하여 하나님의 산 호렙에
> 이르매 여호와의 사자가 떨기나무 가운데로부터 나오는
> 불꽃 안에서 그에게 나타나시니라 그가 보니 떨기나무에
> 불이 붙었으나 그 떨기나무가 사라지지 아니하는지라 이
> 에 모세가 이르되 내가 돌이켜 가서 이 큰 광경을 보리라
> 떨기나무가 어찌하여 타지 아니하는고 하니 그때에 여호
> 와께서 그가 보려고 돌이켜 오는 것을 보신지라 하나님
> 이 떨기나무 가운데서 그를 불러 이르시되 모세야 모세
> 야 하시매 그가 이르되 내가 여기 있나이다 하나님이 이
> 르시되 이리로 가까이 오지 말라 네가 선 곳은 거룩한 땅
> 이니 네 발에서 신을 벗으라 창 3:1-5

불은 스스로를 태울 뿐 아니라 주변의 모든 것을 태워 버립니다. 열정이 많은 사람은 자기 자신에게 상처를 입힐 뿐 아니라 주변 사람들에게도 상처를 입히기 쉽습니

다. 게으른 사람은 남을 해칠 시간도 없고 능력도 없지만 열심이 많은 사람은 무엇이든 움켜쥐려 하고 자기 마음대로 휘두르고 싶어 하기 때문에 주변 사람들에게 많은 상처를 입힙니다. 그래서 사람의 열심은 어느 한편으로 극히 위험합니다. 반면에 하나님의 열심은 어느 누구도 상처를 입히지 않습니다. 하나님의 불 또한 아무것도 태우지 않습니다. 어떤 것에도 해를 입히지 않습니다. 도리어 죽어 가는 것들에 생명을 불어넣습니다.

불붙은 떨기나무로 다가온 모세에게 하나님은 "네가 선 땅은 거룩한 곳이니 신을 벗으라"고 말씀하십니다. 거룩은 하나님께 속한 속성입니다. 태양이 내리쬐는 광야에서 바짝 마른 떨기나무가 어째서 거룩한 곳이겠습니까? 거기가 특별한 땅입니까? 아닙니다. 하나님이 거기 계시니까 거룩한 곳입니다.

그런데 하나님이 "신을 벗으라"고 주문하십니다. 모세가 신은 신이라고 해봐야 변변한 것이 아닙니다. 애굽의 왕궁에서야 고급스럽고 튼튼한 가죽신을 신었겠지만 광야에서 살면서는 겨우 뜨거움을 피하는 정도로 만족해야 했을 것입니다. 이렇듯 당시 사람들의 신발은 그의 신분과 정체성을 드러냅니다.

하지만 거룩하신 하나님 앞에 서려면 누구든지 신발을 벗어야 합니다. 왕이든 노예든 지주든 양치기든 예외 없이 자기 신발을 벗고 맨발로 서야 합니다.

신발을 벗는다는 것은 과연 어떤 의미일까요?

사람은 타인을 보는 순간 그가 나보다 나은지 못한지 순식간에 판단하는 버릇이 있습니다. 그가 잘사는지 못사는지, 학벌이 좋은지 나쁜지, 직업은 무엇이고 수입은 얼마인지, 입고 있는 옷은 어느 브랜드인지 한눈에 파악합니다. 사람들 앞에서는 나의 직업과 학벌, 배경이 나를 증명하는 것이겠지만, 하나님 앞에서는 그 어떤 것도 나를 증명해 주지 않습니다. 지금까지 나를 나라고 주장한 모든 신분과 직업, 배경, 정체성이 하나님 앞에서는 아무 짝에도 쓸모가 없습니다.

필리핀의 독재자 마르코스의 아내인 이멜다는 신발만 3천 켤레를 가지고 있었다고 합니다. 신발은 그녀의 자존심이고 자기를 과시하는 부의 상징이었던 것입니다. 하지만 그토록 많은 신발도 하나님 앞에서는 그야말로 무용지물입니다. 누구든지 하나님 앞에는 맨발로 서야 합니다. 하나님 앞에서는 우리가 내세울 게 하나도 없습니다. 우리는 지금까지 내가 나라고 믿었던 모든 것을 내려놓고, 부수고, 산산조각으로 깨뜨리고 하나님 앞에 서야 합니다. 내가 내세우던 우월감도 열등감도 모두 부수고 하나님 앞에 서야 합니다.

모세는 왕궁에서 살던 40년 동안은 자신이 중요한 인물이라도 된 줄 알았을 것입니다. 어느 누구를 만나도 상당한 우월감을 느끼며 살았을 것입니다. 하지만 광야로 도망 나와 살던 40년 동안은 반대로 깊은 열등감을 가지고 살았을 것입니다. 그런데 우월감도 열등감도 하나님의 일을 하는 데는 하등 도움이 되지 않습니다. 타인에 대한 우월감을 가지고는 하나님의 일을 할 수 없습니다. 열등감을 가지고는 더더욱 하나님의 일을 하기 어렵습니다. 내가 무엇이든 할 수 있다고 하는 정체성, 나는 이제 아무것도 못한다는 정체성, 이 두 가지 빗나간 정체성의 신발을 벗어야 하나님이 쓰실 수 있습니다.

80세가 되어 이제 이대로 인생을 마감하나 보다 생각할 때에 하나님은 모세를 불러서 쓰기로 결정하십니다. 그리고 하나님을 만나는 복이 모세가 신발을 벗는 것으로 시작됩니다. 모세는 자신이 앞으로 40년 동안 하나님의 일을 하게 될 것이라고 생각하지도 못했을 것입니다.

　신앙의 위대함이 바로 여기에 있습니다. 누구든지 자기를 통째로 버리고 하나님 앞에 서는 것이 신앙입니다.

자기를 깨뜨린 사람에게 행하시는 일

　하나님은 지금 모세를 쓰기 원하십니다. 모세는 아무 희망도 없이 광야에서 40년을 살고 있었습니다. 그러나 하나님은 그를 이스라엘 백성을 구원해 낼 하나님의 사람으로 지목하고 때가 되자 부르셨습니다. 하나님은 어째서 모세를 출애굽의 지도자로서 적임자라고 생각하신 걸까요?

　모세의 왕궁 생활 40년과 광야 생활 40년, 도합 80년의 삶은 그가 출애굽의 지도자로 훈련된 시간이었습니다. 비록 아무것도 모른 채 왕궁 생활을 하고 광야 생활을 했지만 하나님은 오래전부터 계획을 세우고 모세를 훈련하신 것입니다.

먼저 모세는 애굽의 문화와 언어, 정치 그리고 무엇보다 왕궁의 사정을 잘 알았습니다. 애굽의 바로를 찾아갔을 때 그와 접촉하려면 어떻게 해야 하는지, 그를 대할 때 어떻게 말해야 하는지 누구보다 잘 알았습니다. 그리고 광야 생활 40년 동안에는 광야의 환경과 지리를 누구보다 잘 익혔습니다. 200만 명이 넘는 이스라엘 백성을 일사분란하게 이끌려면 광야를 잘 알아야 했습니다. 모세는 자기 인생에 아무것도 기대할 수 없는 40년 동안 광야 전문가가 되었습니다.

성격이 고약한 배우자 때문에 인생이 힘듭니까? 그런 배우자를 만나지 않았다면 절대로 겸손할 수 없었을 것입니다. 절대로 다른 사람을 이해할 수 없었을 것입니다. 인생의 고난은 당장엔 쓰디쓰지만 지나고 보면 나를 성숙시킨 자양분임을 깨닫게 됩니다.

모세가 지난 80년간 극도의 우월감과 열등감을 경험하지 않았다면 각양각색의 백성들을 어떻게 이해하고 하나로 이끌어 갈 수 있었겠습니까? 그러므로 고난을 만났을 때 보석처럼 빛날 내 인생을 기대하십시오.

고난이 없는 인생은 타인을 이해할 수 없습니다. 고

난으로 인생의 쓴맛을 봐야 인생은 하나님의 손바닥 위에 있다는 걸 알게 되고 비로소 사람을 이해하는 폭이 넓어집니다. 하나님이 우리 삶에도 모세와 같은 큰일을 행하실 줄 믿고 기대하며 고난을 견디시기 바랍니다.

만일 모세가 왕궁 생활을 할 때 하나님이 그를 사용하셨다면 어떻게 되었을까요? 인간적인 눈으로 보면 가장 정의감에 불타고 열심이 있고 추진력이 있던 그때가 하나님의 일을 하기에 적당한 것 같습니다. 하지만 그때는 하나님의 때가 아닙니다. 하나님의 때는 '하나님이 함께해 주시지 않으면 나는 아무것도 할 수 없습니다'라고 고백할 때입니다.

하나님 이야기가 시작되는 인생이 복되다

예수님께 귀신 들린 아이를 데리고 온 아버지가 "무엇이든 하실 수 있거든 도와주십시오" 하자 예수님은 "할 수 있거든이 무슨 말이냐 믿는 자에게는 능히 하지 못할 일이 없느니라"고 가르치셨습니다. 그러자 그 아버지가 예수님의 말씀이 무슨 뜻인지 알아듣고 "나의 믿음 없는 것을 도와주십시오" 하고 말을 바꿉니다. 그는 즉시 자기 판단을 버리고 예수님께 전적으로 매달렸던 것입니다.

이렇듯 신을 벗는 것이 복입니다. 나를 깨뜨리는 것이 복입니다. 그래서 나를 깨뜨리는 고난은 축복입니다.

오늘 갑자기 말기 암 진단을 받는다면 어떨 것 같습니까? 의사에게서 두어 달밖에 살지 못한다는 진단을 받는다면, 내가 쥐고 있던 것들을 다 내려놓아야 하고 내가 신은 신발을 다 벗어야 합니다. 그것들은 내 생명을 연장시킬 수도 없고 가치 있게 할 수도 없는 것임을 이해하게 됩니다.

인생이 산산조각 났습니까? 정말 끝장난 것 같습니까? 이제 무너진 그 자리에서 하나님이 행하실 일을 기대하십시오. 지금까지와 전혀 다른 차원의 새 일을 행하실 하나님을 기대하십시오. 내 힘으로는 아무것도 할 수 없다고 두 손 들 때 하나님이 일을 시작하십니다.

하나님은 창조주이십니다. 창조란 아무것도 없는 무에서 유를 발생시키는 사건입니다. 말기 암 진단을 받아도, 가정이 깨어졌더라도, 그루터기조차 없이 철저하게 뿌리 뽑혔다고 생각될 때라도 거기에서 하나님이 창조의 일을 행하십니다.

우리가 과거에 무엇을 했는지는 중요하지 않습니다. 얼마나 어려움 가운데 낙심하며 살았는지가 중요하지 않습니다. 하나님이 중요합니다. 믿음이란 하나님이 나보다 더 중요하다는 것을 아는 삶입니다. 인생은 나에 관한 이야기가 아니라 하나님에 관한 이야기입니다. 인생은 나로부터 시작된 것이 아닙니다. 인생은 태초 이전부터 시작된 하나님의 이야기입니다. 나는 그 거대한 이야기 속에 하나의 에피소드입니다. 작은 먼지와도 같은 존재이지만 하나님이 확대경을 들이대면 이야기가 되는 것입니다. 자기 자신이 중요하지 않고 하나님이 점점 중요해지면 그분 안에서 내 이야기는 의미와 가치를 지니기 시작합니다. 누구라도 믿음을 갖게 되면 놀랍게도 내 인생이 새롭게 해석되고 의미를 지니기 시작하는 것을 경험합니다.

오만 원 지폐는 아무리 구겨져도 오만 원입니다. 천 원은 아무리 새 돈이라도 천 원입니다. 우리는 구겨졌어도 예수님이 값을 치른 존재라는 것을 잊지 말아야 합니다. 지금 내 인생이 쓸모없는 것같이 보입니까? 가진 게 없어 초라합니까? 하지만 "내가 너를 사랑한다. 그래서 내 목숨으로 값을 치르고서라도 너를 꼭 살려놓겠다" 하시며 그분이 값을 치렀기 때문에 그분의 가치가 우리의 가치가 되었습니다. 하나님 이야기의 일부가 됨으로써 우리 인생은 비로소 가치 있게 됩니다.

창조주 하나님을 만나는 데 가장 큰 걸림돌은 바로 나입니다. 그 누구도 아닌 바로 내가 하나님을 만나는 역사적인 순간을 방해하는 가장 큰 훼방꾼입니다. 그러나 우리가 하나님을 아는 이 위대한 사건을 경험하면 우리 인생의 주어가 바뀌는 경험을 하게 됩니다.

인생은 하나님 이야기가 될 때 복됩니다. 신앙은 내가 아니라 하나님의 이야기가 되도록 나의 신발을 벗는 일입니다. 하나님에게서 시작된 인생에서 나는 작은 페이지에 불과하다는 것을 인정하는 것이 신앙입니다. 거듭 말하지만 신앙인은 내가 중요하지 않습니다. 인생을 써내려가는 하나님이 중요합니다.

우리나라는 한국전쟁 후 세계에서 가장 가난한 나라였습니다. 완전히 잿더미가 되어 도무지 희망이 없어 보이는 나라였습니다. 하지만 전후 70년이 다 된 지금은 세계의 경제를 주도하는 OECD 국가 중 하나가 되었습니다. 우리는 폐허 더미에서 하나님의 일하심을 목격하였습니다. 그런데 지금부터가 중요합니다. 교만해져서 벗은 신발을 다시 주워 신을 수 있기 때문입니다. 하나님 앞에서 신발을 벗을 줄 알아야 하고 벗은 신발을 되돌아보지 않아야 합니다.

모세는 이드로의 사위로서 한 무리의 양 떼만 치다가 인생이 끝날 수도 있었지만 하나님이 그를 불러 신을 벗기심으로 새로운 정체성을 갖게 되었습니다. 그는 이제 왕궁의 사람도 아니요 광야의 사람도 아닙니다. 그는 하나님의 사람입니다. 하나님을 만나면 누구에게나 거듭난 인생이 시작됩니다. 하나님 안에서 새 힘을 얻게 되고, 하나님의 시각과 관점이 생기게 되며, 하나님이 주신 정체성을 가지고 하나님의 생명을 전하는 사람이 됩니다.

모세는 하나님의 사람으로 새롭게 빚어짐으로써 이스라엘 백성에게 가장 존경받는 지도자가 되었습니다.

그런데 거듭나면 이후 인생이 평탄할 것 같지만 그렇지 않습니다. 모세는 비록 이스라엘 백성이 가장 존경하는 지도자가 되었지만, 그의 나머지 40년 인생은 과거

어느 때보다 고달프기만 했습니다. 광야 생활 40년과는 비교할 수 없을 만큼 큰 고난을 겪었습니다. 그러나 모세는 이미 하나님의 관점을 가졌고 날마다 하나님께 힘입는 삶을 살았기에 어떤 고난도 이길 수 있었습니다. 모세가 하나님의 능력을 경험하게 됨으로써 나머지 일생 동안 하나님을 증거하게 되었습니다. 하나님의 능력을 의지하는 삶만큼 위대한 인생이 없음을 모세는 자신의 삶을 통해 증명해 보였습니다.

Q. 신을 벗는다는 건 구체적으로 무엇인가요?

가령, 음악가가 신을 벗는다는 건 음악을 할 때 자신보다 하나님을 의식하는 것을 말합니다. 음악가가 무대에 올라 회중의 시선을 받다 보면 본래의 의지와 달리 자신을 드러내게 됩니다. 무의식적으로 자기를 드러내고 싶어집니다. 하지만 하나님을 만난 사람은 하나님 앞에서 신발을 벗고 음악을 연주하게 됩니다. 회중이나 내가 중요한 것이 아니라 하나님이 중요하다는 사실 때문에 음악을 하게 되는 것입니다.

사업가가 신발을 벗는다는 것은 자신을 위한 소비를 최대한 절제하고 대신 이웃에게 팔을 넓게 벌리며 사는 삶을 말합니다. 누릴 수 있으나 내 권리를 포기하고 남을 위해 아낌없이 베풀 때 주변이 감동하게 되고 그 삶에 영향력이 생기게 됩니다.

저는 어릴 때 바닷가에 갔다가 파도가 바위에 부딪히면서 생기는 포말을 한참 동안 지켜보던 기억이 있습니다. 파도는 바위에 거세게 부딪히든 살짝 부딪히든, 또 큰 파도로 부딪히든 작은 파도로 부딪히든 바위에 부딪히고 나면 어김없이 포말로 잠시 머물렀다가 바다로 돌아갑니다. 큰 것도 있고 작은 것도 있지만, 잠시 포말로 공중에 떠 있다가 바다로 되돌아갑니다. 우리 인생도 크든 작든 강하든 약하든 이 땅에 잠시 형체를 드러냈다가 하나님께 돌아가게 되어 있습니다. 하나님 관점에서 보면 우리 인생은 모두 동일한 가치를 지니고 있습니다.

어느 위치에 있건, 얼마나 큰 부와 권력을 가졌건, 우리는 모두 신발을 벗고 하나님 앞에 설 때 하나님이 원하시는 대로 쓰임 받는 인생이 됩니다.

Q. 목사님도 움켜쥐고 놓지 못한 것이 있습니까?

큰아이가 어렸을 때 미니카를 무척 좋아해서 손에서 미니카를 놓지 않았습니다. 하루는 새벽에 집에 들어갔더니 아이가 손에 미니카를 쥐고 자고 있었습니다. 손에 쥐가 날까 염려

돼 조심스럽게 손을 풀었더니 잠결에 울기 시작해요. 그래서 하는 수 없이 다시 미니카를 손에 쥐어 주었더니 잠이 들었습니다. 그 모습을 보면서 나는 무엇을 내 아이처럼 두 손에 움켜쥐고 놓지 못하는가를 생각해 보았습니다. 내가 움켜쥔 손을 펴야 하나님이 준비하신 선물을 주실 텐데 내가 두 손을 꽉 쥐고 있어서 제때에 주시고자 하는 것을 받지 못하는구나 싶었습니다.

제가 평생 놓지 못한 것이 인정 욕구였습니다. 젊은 시절 그렇게 몸이 부서져라 일한 것도 인정받기 위해서였고, 사람들과 어울려 술을 마신 것도 인정받기 위해서였습니다. 하나님을 만난 뒤 제가 벗은 신발은 바로 이 인정 욕구였습니다. 인정 욕구를 부수고 깨뜨리자 그렇게 자유로울 수가 없었습니다. 예전 같았으면 사람들에게 인정받기 위해 설교를 준비했을 것입니다. 지금은 제 설교를 듣고 사람들이 만족하든 안 하든 관심을 두지 않습니다. 하나님의 말씀을 하나님의 의도대로 전하고 있는지 아닌지에만 집중합니다. 어느 주일에는 하나님이 부르신 단 한 사람을 위해 설교를 하고 있는지도 모릅니다.

Q. 이왕이면 모세가 젊었을 때 불러 사용하셨으면 좋았겠다는 생각이 듭니다.

미국의 부모님이나 선생님들은 학생들에게 "I am proud of you"를 자주 말합니다. '네가 자랑스럽다'는 겁니다. 한국의 부모님과 선생님은 칭찬에는 인색하고 야단치고 훈계하는 데는 일가견이 있다 보니 한국 아이들은 자신감이 없어서 문제입니다. 하지만 미국의 아이들은 너무 자신감이 넘쳐서 문제가 되지 않을까 생각합니다. 자의식이 너무 강하면 하나님을 인정하기 어렵기 때문입니다.

하나님은 자의식이 너무 강한 것도, 자의식이 너무 없어서 남의 눈치를 보는 것도 원하시지 않습니다. 자의식이 강하든 약하든 그 둘 다 독성이 강한 불순물입니다. 나에게도 해롭고 남에게도 해롭습니다. 이 독한 성분이 빠져야 하나님이 우리를 생명을 위한 통로로 사용하실 수 있습니다.

미국은 프로 골프선수를 선발할 때 먼저 얼마나 멀리 치는지를 봅니다. 프로 선수가 되려면 무엇보다 멀리 칠 수 있어야 합니다. 다른 기술은 연습하고 실전에서 부딪히면서 배울 수 있지만 멀리 치는 힘은 좀처럼 개선되기 어렵기 때문에 그렇습니다. 바울은 공을 멀리 치는 능력을 지녔던 사람이었다고 생각합니다. 하나님은 바울이 열심과 열정으로 자신의 비거리를 넓히고 확장시키는 것을 두고 보셨다가 하나님의 때에 바울을 불러 방향을 바로잡아 주셨고 이후로 하나님의 뜻대로 사용하셨습니다. 모세 역시 80년이라는 세월 동안 이 거리를 넓히고 확장했습니다. 그리고 하나님의 때에 부름 받아 이스라엘 백성의 지도자로 세워졌습니다.

6장

시기심을 이겨 낸 복

가장 큰 적은
바로 나 자신이다

왜 다툽니까? 왜 마음이 시끄럽습니까?
내 안의 시기심을 정직하게
대면하지 못하고
다른 일로 포장하고 합리화하기에
분란이 일어나는 것입니다.

시기심을 분별하여 벗어나면
더 이상 목마르지 않고 부족하지 않고
불안하지 않은 사람이 될 수 있습니다.

영생에 접속된 사람의 복

　흔히 '아는 것이 힘'이라고 하지만, 성경은 '아는 것이 복'이라고 말합니다. 무엇을 아는 게 복입니까? 하나님을 아는 것이 복입니다. 세상 사람들은 인맥이 중요하다고 해서 지연이니 학연이니 어떤 식으로든 폭 넓은 관계망을 구축하고 또 확장하고자 애씁니다. 특히 권력자나 부자처럼 힘 있다고 생각하는 사람들을 주변에 많이 두려고 온갖 노력을 다합니다. 그러나 크리스천은 하나님 한 분 만으로 충분한 사람들입니다. 무슨 일이 닥치든 하나님만 제대로 알고 있으면 두렵지 않은 사람이 크리스천입니다.

그런데 하나님이 누구입니까? 여러분은 하나님을 누구라고 알고 있습니까?

예수님은 기도를 가르쳐 주시며 하나님을 "아버지"라고 부르도록 하셨습니다. 하나님은 우리의 아버지이시니 기도가 복잡할 까닭이 없습니다. 아버지한테 기도하는데 무슨 수식이 필요하겠습니까? 성경은 예수님의 가르침을 따라 하나님을 아버지로 알고 믿으면 영생을 얻는다고 말합니다. 그래서 하나님 아버지를 아는 것이 복입니다.

하나님을 아버지로 알고 믿음으로 영생에 접속된 사람은 첫째, 결핍을 느끼지 않습니다. 목마르지도 않고 배고프지도 않습니다.

세상에서 일어나는 모든 갈등과 전쟁은 부족함에서 비롯됩니다. 보다 많이, 보다 오래 가지려고 싸우는 이유는 내 것이 적어 보이는 부족감 때문입니다. 만족할 줄 모르기 때문입니다. 부모가 남긴 유산이 많으면 많을수록 형제끼리 더 심각하게 갈등하고 다투는 까닭은 제 몫이

작아 보이기 때문입니다. 아무리 많이 갖고 있어도 부족감에 시달리면 고통은 가시지 않으며, 이 부족감의 고통이 해소될 때까지 내 안의 불만과 서로간의 갈등은 멈추지 않습니다. 그러나 영생에 접속된 사람은 먼저 이 부족감의 고통에서 풀려납니다.

영생에 접속된 사람은 둘째, 불안하지 않습니다. 현대인이 겪는 큰 문제 중 하나가 불안입니다. 부족감을 느끼는 이유도 불안하기 때문입니다. 불안하면 남을 절대 믿지 못합니다. 현대인들이 외로움과 고독감을 호소하는 이유입니다. 도처에서 사고가 일어나 죽고 전쟁이 일어나 죽고 자연재해로 죽고 병에 걸려 죽는다는 소식이 들립니다. 불안할 수밖에 없습니다.

그러나 크리스천은 불안에서 벗어나는 것을 경험합니다. 영원한 세상과 접속된 우리는 우리를 위협하는 죽음이나 불신이나 부족감이나 두려움이라는 무거운 짐에서 자유롭습니다.

영생에 접속된 사람은 셋째, 누구와도 경쟁하지 않습니다. 어느 누구도 시기하거나 질투하지 않으므로 경쟁할 이유가 없습니다. 결핍이 없고 불안하지 않으며 누구와도 경쟁하지 않는 삶, 이보다 더 복된 삶이 어디 있겠습니까?

처벌 뒤에 숨긴 여호수아의 시기심

여호수아는 모압 땅에서 죽은 모세를 이어 이스라엘의 지도자로 세워진 사람입니다. 이스라엘의 가장 위대한 지도자인 모세의 뒤를 이어 두 번째 지도자가 된다는 게 얼마나 두려우며 부담스러웠겠습니까. 여호수아는 200만 명이 넘는 이스라엘 백성을 이끌고 가나안 땅에 들어가 그 땅을 정복하는 막중한 책임을 지게 되었습니다.

가나안에는 이미 그 땅을 차지하고 살아가는 사람들이 있었으므로, 정복 전쟁을 치른다는 건 그들과 싸워 이겨야 한다는 걸 의미했습니다. 그런데 여호수아는 이 막중한 책임을 훌륭하게 수행했습니다. 그가 지도자로서 갖추어야 할 덕목들을 겸손히 쌓았기에 누구와도 견줄 수 없는 지도자 모세의 뒤를 잇는 차세대 리더가 되었습니다. 여호수아는 어떻게 이런 덕목들을 쌓을 수 있었을까요?

하나님은 광야를 떠도는 이스라엘 백성에게 만나를 내려주셔서 배불리 먹이셨습니다. 덕분에 먹고살기 위해 노동을 하지 않고도 이스라엘 백성은 굶주리는 일이 없었습니다. 그런데 얼마 후 이스라엘 백성 사이에서 불평이 나오기 시작했습니다. 배고프지는 않는데 매 끼니 똑같은 것을 먹으니까 물린다는 것입니다. 그러면서 비록 노예로 살았지만 애굽 땅에서 먹었던 고기반찬이 그립다고 불평합니다.

장정만 60만이 넘는 이스라엘 백성의 배를 무슨 수로 고기반찬으로 채운단 말입니까? 설혹 고기를 배불리 먹인들 걸핏하면 불평과 불만을 늘어놓는 이 백성을 어떻게 계속해서 모세 혼자 이끌고 갈 수 있겠습니까? 모세는 잠시 혼란스러웠습니다. 이때 하나님이 70인의 장로를 따로 세우라고 명령하십니다. 모세에게 준 능력을 그들에게도 주어 200만 명의 이스라엘 백성을 다스리고 책임지는 일을 모세와 나누어서 지도록 하겠다는 것입니다. 실제로 하나님은 그들에게 하나님의 영을 부어 주어 그들도 예언하도록 하셨습니다. 민수기는 이 상황을 기록하고 있습니다.

그 기명된 자 중 엘닷이라 하는 자와 메닷이라 하는 자 두 사람이 진영에 머물고 장막에 나아가지 아니하였으나 그들에게도 영이 임하였으므로 진영에서 예언한지라 한 소년이 달려와서 모세에게 전하여 이르되 엘닷과 메닷이 진중에서 예언하나이다 하매 택한 자 중 한 사람 곧 모세를 섬기는 눈의 아들 여호수아가 말하여 이르되 내 주 모세여 그들을 말리소서 모세가 그에게 이르되 네가 나를 두고 시기하느냐 여호와께서 그의 영을 그의 모든 백성에게 주사 다 선지자가 되게 하시기를 원하노라 모세와 이스라엘 장로들이 진중으로 돌아왔더라 민 11:26-30

그런데 이때 호명한 70인 중 2명이 모세가 소집한 성막에 나가지 않고 자기 진영에 머물러 있다가 다른 68명과 똑같은 능력을 받았습니다. 엘닷과 메닷이 진영 중에 있다가 갑자기 예언을 하자 한 소년이 놀라서 모세에게 이 사실을 알렸습니다. 모세를 수종처럼 따르던 여호수아가 모세와 같이 있다가 이 소년의 보고를 듣고 이렇게 말합니다. "내 주 모세여 그들을 말리소서." 그러자 모세의 대답이 놀랍습니다. "네가 나를 두고 시기하느냐?"

여호수아는 왜 엘닷과 메닷이 예언하는 것을 말리라고 모세에게 진언했을까요?

엘닷과 메닷은 모세가 장막에 나오라고 명령했는데도 그 말에 순종하지 않았습니다. 이들의 불순종은 자칫 백성들에게 본보기가 되어 지도자인 모세의 권위를 위협하는 행위가 될 수 있습니다. 여호수아는 지도자의 권위를 지키기 위해서라도 이들에 대한 처벌을 간과하면 안 된다고 얘기한 것입니다.

그런데 뜻밖에도 모세는 "네가 나를 두고 시기하느냐?"고 묻습니다. 여호수아의 내면 깊은 곳에 도사린 시기심을 지적한 것입니다. 모세의 지적에 의하면, 여호수아가 말로는 모세의 권위를 지키기 위해서라고 했지만 본심은 시기심 때문에 엘닷과 메닷을 처벌해야 한다고 말한 사실을 지적한 것입니다. 왜 불순종한 그들에게 동일한 은혜가 주어지느냐는 마음이 있었다는 것입니다.

그러나 시기심은 남 때문이 아니라 나 때문에 생기는 마음입니다. 내가 남보다 더 중요하다고 생각할 때 어김없이 시기심이 생겨납니다. 내가 받아서 누려야 할 것을 왜 저 사람이 받아서 누리는가 생각할 때 시기심은 끓어오르고 심각한 내면의 갈등과 마주하게 됩니다. 지도자 주변에 모여든 사람들 사이에는 늘 이런 시기심이 들끓고 있습니다. 실은 지도자에게 더 사랑받고 싶고 더 인정받고 싶은 욕구가 불러일으키는 허기이자 목마름입니다. 모세가 여호수아의 이 마음을 꿰뚫어 보았던 것입니다.

시기심을 분별하라

모세는 왜 여호수아의 이 시기심을 문제 삼았을까요? 나중에 따로 불러 훈계해도 되고 혹은 모른 척해도 되었을 텐데 왜 아프게 지적한 것일까요?

이 시기심을 해결하지 못하면 하나님께 쓰임 받는 지도자가 될 수 없기 때문입니다. 모세는 그 마음에 시기심이 있다는 것을 여호수아가 아직 하나님을 알지 못한다는 결정적인 증거라고 보았습니다.

집에 있건 밖에 있건, 모세의 명령에 순종했건 순종하지 않았건, 하나님이 하나님의 영을 부어 주시겠다고 하면 믿는 사람은 믿음으로 나아가야 합니다. 하나님이 누구에게 능력 주시건 문제 삼을 권리가 우리에겐 없습니다. 하지만 여호수아는 어떻게 하나님이 순종하지 않은 이들에게 순종한 자기와 똑같은 은혜를 줄 수 있느냐고 따지고 있습니다.

우리 아이가 피아노 콩쿠르에 나가기로 했다고 합시다. 그런데 우리 아이보다 더 잘 치는 경쟁자가 있습니다. 그래서 엄마가 사고를 가장해서 그 경쟁자의 손가락을 부러뜨렸다면 과연 그것이 아이를 사랑해서 한 행동일까요? 아닙니다. 내 아이를 위해서가 아니라 나를 위해서 그런 행동을 한 것입니다. 시기심은 남을 위하는 행동이 아닙니다. 오로지 나를 위해 시기심은 발동합니다.

내 안에 깃들인 시기심을 정확하게 분별하지 못하면 이 시기심에 속는 인생이 될 수 있습니다. 시기심에 속으면 인생에 기쁨과 평안이 없습니다.

모세가 여호수아에게 가르치고자 한 것이 바로 시기심을 분별하라는 것입니다. 시기심을 분별하지 못하면 좋은 지도자가 될 수 없기 때문입니다.

사실 지도자가 되는 것은 그렇게 기뻐할 일만이 아닙니다. 늘 피곤하고 막중한 책임을 져야 하기 때문입니다. 지도자는 남의 짐까지 기꺼이 지는 사람입니다. 지도자가 자기 짐이 많으면 남을 책임질 수 없습니다. 자기 짐이 많으면 좋은 지도자가 되기 어려운 것입니다.

축복할 때 시기심을 이긴다

모세는 여호수아의 마음에 깃든 시기심을 지적하면서 그것을 해결하는 방법도 제시합니다.

> 여호와께서 그의 영을 그의 모든 백성에게 주사 다 선지
> 자가 되게 하시기를 원하노라 민 11:29

모두를 축복하는 사람이 되라는 겁니다. 내 마음에 들지 않는 사람도 축복하라는 겁니다. 하자가 있는 사람도 축복하라는 겁니다. 모두를 축복하는 사람이 되는 것 말고는 길이 없습니다. 이것이 하나님을 아는 삶입니다.
어떻게 축복합니까?
열두 제자가 예수님을 따르다가 길에서 크게 싸웠

습니다. 이유는 누가 더 크냐는 것입니다. 이때 예수님이 "너희 중에 누구든지 크고자 하는 자는 너희를 섬기는 자가 되고 너희 중에 누구든지 으뜸이 되고자 하는 자는 너희의 종이 되어야 하리라"(마 20:26-27)고 말씀하셨습니다. 크고자 한다면 먼저 섬기는 자가 되라는 것입니다.

상석에 앉지 않고 말석에 앉는 것이 남을 축복하는 모습입니다. 남을 섬기는 것이 남을 축복하는 모습입니다.

여호수아가 모세의 말을 듣고 깨닫는 바가 있어 변화되었을까요?

변화되었습니다. 여호수아서를 읽어 보면 여호수아는 경쟁자 갈렙에게 인정받는 리더가 되었음을 알 수 있습니다. 여호수아가 자기 안의 시기심을 분별하여 남을 축복함으로써 시기심에서 벗어나자 복받는 인생이 된 것입니다. 내 안의 시기심이 사라져야 내가 시기하는 사람과의 관계가 풀립니다.

민수기와 여호수아서에는 여호수아와 함께 갈렙이라는 이름이 자주 등장합니다. 특히 민수기에서 두 사람의 이름이 동시에 등장하는 횟수만 다섯 번입니다. 그런데 이중 세 번은 갈렙의 이름이 먼저 나오고 두 번은 여호수아의 이름이 먼저 나옵니다. 이것으로 미루어 짐작해 볼 때 갈렙과 여호수아는 모세를 대신하는 지도자 자리를 놓고 경쟁하던 사이였던 것을 알 수 있습니다. 실제로 두 사람은 열두 정탐꾼에 속해서 가나안 땅을 살펴보고 돌아온 뒤 나머지 열 명과 다르게 하나님이 도와주시면 당연히 가나안을 차지할 수 있다고 보고한 차세대 리더요 믿음의 사람들이었습니다. 갈렙과 여호수아는 믿음의 동지인 동시에 경쟁자였던 것입니다.

가나안 정복이 드디어 시작되었을 때, 갈렙은 가장 싸우기 힘든 헤브론을 맡겠다고 나섰습니다. 헤브론 산지는 막강한 화력을 가진 데다 거인들이 사는 곳이라 젊은 사람들도 고개를 흔드는 곳입니다. 그런 곳을 85세의 갈렙이 가겠다고 자진해서 나선 것입니다. 갈렙의 기백이 대단합니다. 믿음의 사람이요 존경받는 리더로서 손색이 없습니다.

그런데 만일 여호수아가 그때까지 갈렙을 시기하는 마음이 있었다면 갈렙이 기꺼이 그 어려운 산지를 맡겠다고 나섰을까요? 여호수아가 자기 안에 있는 시기심을 해결했기에 갈렙과 긴밀하고도 막역한 관계를 맺을 수 있었고, 그랬기에 갈렙이 솔선해서 험한 길을 택할 수 있었을 것입니다. 갈렙은 죽음을 무릅쓰고 친구인 여호수아를 위해 위험한 산지를 정복하러 나섰습니다.

여호수아 역시 가나안 정복 전쟁에서 어떤 이득도 취하지 않았습니다. 도리어 먼저 모두에게 가나안 땅을 분배하고 남은 땅을 받겠다는 섬기는 자의 모습을 보여 줍니다.

> 곧 여호와의 명령대로 여호수아가 요구한 성읍 에브라임
> 산지 딤낫 세라를 주매 여호수아가 그 성읍을 건설하고
> 거기 거주하였더라 수 19:50

딤낫 세라는 성읍이 파괴되어 아무도 살지 않는 척박한 곳이었습니다. 누구도 원하지 않는 땅이었습니다. 그런데 여호수아는 기꺼이 그 땅에 가서 살았습니다. 그는 가장 좋은 땅을 먼저 취할 수 있었습니다. 그럴 만한 자리에 있었고 그렇게 한다고 해서 누구도 섭섭하게 생각하지 않을 만큼 지도자로서 대단한 공을 세웠습니다. 하지만 그는 가장 낮은 자리, 가장 뒷자리에 앉기를 주저하

지 않았습니다.

지도자는 어제의 나와 경쟁할 뿐이다

지도자는 두 가지를 가지려고 해서는 안 됩니다. 명예와 소유입니다. 지도자는 섬기는 사람이기 때문입니다. 지도자가 명예와 소유를 갖지 않기가 쉬운 일입니까? 쉽지 않습니다. 대다수 지도자는 명예와 소유를 취하기 위해 그 자리까지 갑니다. 그러면 어떻게 해야 그럴 수 있습니까? 하나님의 마르지 않는 은혜를 공급받을 때 그럴 수 있습니다. 내 안에 차고 넘치는 하나님의 은혜가 흐를 때 그럴 수 있습니다.

여호수아는 그 이름대로 '하나님이 나를 구원하신다'는 것을 깨달았기 때문에 더 이상 목마르지 않고, 부족하지 않으며, 결핍이나 불안에 시달리지 않게 되었습니다. 그는 불평하지 않는 사람, 누군가를 시기하지 않는 사람이 되었기 때문에 200만 명의 이스라엘 백성을 이끌고 가나안 땅에 들어가 정복전쟁을 끝까지 치를 수 있었습니다.

우리는 여호수아를 통해 복은 내가 무언가 더 가지는 데 있지 않고 하나님을 '앎'으로 내가 어떤 존재로 변화하는 데 있다는 것을 배우게 됩니다.

왜 다툽니까? 왜 마음이 시끄럽습니까? 내 안의 시기심을 정직하게 대면하지 못하고 다른 일로 포장하고 합리화하기에 분란이 일어나는 것입니다. 시기심은 우리 안의 가장 흔한 걸림돌입니다. 가장 가까운 가족끼리도 시기할 수 있습니다. 가장 가까운 부부끼리도 시기할 수 있습니다. 누구를 위해 시기합니까? 가족을 위해서가 아닙니다. 배우자를 위해서가 아닙니다. 오로지 나를 위해 시기합니다.

하나님을 아버지로 알고 믿는 사람은 시기심에서 벗어나 영생에 접속된 사람입니다. 그는 더 이상 불안하지도 목마르지도 두려워하지도 않습니다. 이것이 믿는 사람의 복입니다. 이 땅을 살아가는 동안 자유하기를 바랍니다. 누군가와 다투고 경쟁하는 삶이 아니라 오직 하나님 앞에서 바로 서기 위해서 어제의 나와 경쟁하는 내가 되기를 기도합니다.

Q&A

Q. 우리가 사는 세상은 치열한 전쟁터 같습니다. 내 것을 누군가에게 나눠 주면 나의 가치가 떨어질 것 같은 불안이 있습니다. 어떻게 해야 나를 내려놓고 남을 축복할 수 있을까요?

저는 쉰이 넘어 신학 공부를 했습니다. 미국 신학대학에 들어가 공부했는데 언어가 서툴다 보니 필기가 부실했습니다. 그래서 가장 완벽하게 필기하는 친구를 눈여겨봤다가 수업 시간이면 그 친구 옆에 앉아서 그가 필기하는 것을 베꼈습니다. 그런데 놀라운 것은 그 친구가 제게 어떤 눈총도 주지 않았다는 겁니다. 도리어 기꺼이 필기 노트를 빌려 주었습니다.

우리가 더 인간다워지는 길은 내게 있는 것을 기꺼이 퍼 주는 것입니다. 남에게 퍼주기 위해 더 열심히 일하고 더 열심히 공부하는 사람들이 있습니다. 그들은 손해 보는 것 같으나, 어리석은 자 같으나 가장 인간적인 길을 가는 사람들입니다. 더 나아가 가장 탁월해지는 길을 가는 사람들입니다. 그는 이미 내 곁의 사람들과의 경쟁을 넘어서서 나 자신조차 추월한 삶을 사는 사람들입니다.

우리는 전 세계 어느 국가보다 더 많이, 더 오래 일합니다. 그런데도 생활에 여유가 없습니다. 왜 그럴까요? 우리 사회를 작동하는 시스템이 주어진 일에 최선을 다하도록 하는 게 아니라, 누구보다 더 잘해야 하는 시스템이기 때문입니다. 시스템 자체가 고장났습니다. 이렇게 잘못된 경쟁 시스템에서는 내가 더 발전하기 위해서가 아니라 남을 내 아래로 끌어내리기 위해서 삶을 투자하는 사람들이 늘어납니다. 그러니 온통 관심이 나의 성장이 아니라 남의 추락에 있습니다. 남이 성장하는 꼴을 보지 못합니다. 참 피곤한 삶입니다. 이렇듯 과열경쟁적인 오작동 시스템은 나도 남도 그리고 세상도 고통스럽게 합니다.

살리에리는 훌륭한 음악가였습니다. 하지만 모차르트와 비교하고 모차르트를 의식하는 삶을 사느라 인생을 허비하고 말았습니다. 시기심을 해결하면 남보다 못해도 괜찮고 남보다 잘해도 상관없게 됩니다. 남과 비교하느라 쓸데없이 시간을 낭비하지 않습니다.

신앙생활은 악순환을 끊고 선순환의 고리를 만드는 일입니다. 경쟁 관계에서 벗어나 먼저 베풀고 도와주고 선을 행하는 것이 신앙인의 삶입니다. 세상의 관점으로 보면 당연히 손해 볼 수밖에 없습니다. 아마도 주변 사람들은 그를 어리석다고 할 것입니다. 그래서 신앙을 지키는 일이 때로 외롭고 어렵습니다.

어떤 사람이 고급스런 외제차를 산 뒤 기분이 좋아 운전을 나갔습니다. 그런데 옆 차선에 자기보다 더 좋은 외제차가 지나가는 것을 보고 마음이 상했습니다. 내가 가진 것에서 남이 가진 것으로 눈을 돌리는 순간 그의 마음에서 즐거움과 만족감이 사라지고 말았습니다. 누군가를 이겨야겠다고 결심하고 사는 사람에게서는 진정한 기쁨이 느껴지지 않습니다. 그러나 기꺼이 손해 보며 살겠다고 마음먹은 사람들에게는 절대 빼앗을 수 없는 기쁨이 느껴집니다. 그 사람이 세상을 바꿀 수 있습니다.

Q. 병든 우리 사회를 치유하려면 어떻게 해야 할까요?

먼저 나부터 살아나야 합니다. 경쟁 시스템에 머리끄덩이를 잡혀 끌려 들어가면 살아날 수 없습니다. 경쟁적인 교육 시스템, 서로 욕하고 분노하는 시스템 속에 머물러서는 살아날 수 없습니다. 그러므로 오늘날 우리의 구원은 이 경쟁 시스템에서 탈출하는 것입니다. 하나님이 내민 손을 붙들고 탈출해야 합니다. 경쟁 시스템에서 벗어나면 손해 볼 일이 생길 것입니다. 그래도 괜찮습니다. 그 순간 우리 삶이 하나님께 접속되기 때문입니다.

하나님이 비를 내릴 때 악한 사람과 착한 사람을 구분해서 내리지 않고, 햇빛을 비출 때 악한 사람과 선한 사람을 구별해서 비추지 않는 것처럼 하나님의 성품은 모든 사람을 축복하는 것입니다. 우리가 그 성품에 덧입혀지면, 싫은 사람도 수용하게 되고 좋은 사람이든 싫은 사람이든 동일하게 배려할 수 있게 됩니다.

크리스천이라도 당연히 좋은 건 좋고 싫은 건 싫습니다. 사실 제가 하루 종일 하는 생각을 기록할 수 있다면, 혹은 영상으로 제작할 수 있다면 얼마나 끔찍할지 상상하기도 두렵습니다. 하나님은 그런 저를 자녀로 삼아서 사랑해 주시기로 결정하셨습니다. 그 사랑을 알기에, 그 사랑으로 우리는 남을 나보다 더 낮게 여기는 관용을 베풀 수 있습니다.

누군가를 진정으로 사랑하면 아무리 불편한 것도 기꺼이 감수하게 됩니다. 이 사랑의 관계가 우리를 살아나게 합니다. 우리 사회는 서로 경쟁하느라 너무 고통스럽고 불행합니다. 우리 사회를 불통사회라고 하는데, 소통이 되지 않는 이유는 상호 관계의 뿌리가 잘못되었기 때문입니다. 크리스천이 먼저 기꺼이 손해 보고 기꺼이 어리석어질 때 이 잘못된 관계는 반드시 회복될 수 있습니다. 제가 제 가정에서 경험했고 제 일터에서 경험했습니다. 사회란 결국 가정과 일터가 여럿 모인 곳 아닙니까?

7장

하나님 마음에
든 복

주의 마음과 뜻을 기준 삼다

다윗은 비록 여러 가지 사건에서
자신의 연약과 부족을 드러냈지만,
그럼에도 그의 신앙은
하나님 중심이었습니다.

시련과 고난이 아무리 커도 그것보다
더 큰 그릇이 되는 일이 중요합니다.
이것이 신앙인이 가지는 진정한 복입니다.

수직적 관계 회복이 먼저다

현대인은 물질만능주의에 중독되어 있다고 해도 과언이 아닙니다. 한창 인성을 개발해야 할 어린 학생들이 친구들과 경쟁하며 공부만 하는 이유가 무엇입니까? 남보다 더 잘살기 위해서입니다. 저녁을 잊은 직장인들은 무엇 때문에 그렇게 열심히 일합니까? 돈을 벌어 보란 듯이 쓰기 위해서입니다. 그래서 현대인은 어떤 일을 하느냐보다 얼마나 버느냐를 중요하게 여깁니다. 어린이든 어른이든 돈만 많이 벌면 그만이라고 생각합니다. 돈을 많이 번다는 이유로 수많은 어린아이들이 유튜버를 꿈꿉니다.

종교인들도 끊임없이 복을 추구합니다. 그들은 삶을 살아가는 데 필요한 아주 현실적이고 현세적인 복을 구합니다. 그 복을 얻을 수만 있다면 기꺼이 대가를 치르겠으니 쏟아부어 주기만 하라고 하나님께 조릅니다. 자기의 것과 하나님의 것을 맞교환하자고 기도하는 사람도 많습니다. 그러나 하나님이 우리와 거래하는 분이겠습니까? 인간과 주고받는 게임을 하시겠습니까?

하나님이 일방적으로 주시고자 하는 복이 있습니다. 하나님 마음에 꼭 드는 복이야말로 복 중의 복입니다. 상대방의 마음에 꼭 들면 어렵게만 보이던 문제도 쉽게 풀리는 경우를 자주 경험합니다. 직장생활도 그렇습니다. 많은 직장인들이 이직을 하는 가장 큰 이유가 인간관계 때문이라고 합니다. 월급이며 복지며 다른 모든 조건이 충족돼도 인간관계가 고통스러우면 견딜 수가 없습니다. 반면에 인간관계가 만족스러우면 비록 돈을 덜 받더라도 그 직장은 다닐 만한 곳이 됩니다.

같이 일하는 사람들과 공통된 가치관을 추구하고, 그런 사람들과 함께 살아가는 기쁨을 누리는 것은 돈으로 환산할 수 없는 복된 삶입니다. 실제로 돈을 목적으로 죽어라 일만 하다 정년이 되어 퇴직한 뒤 허무와 허탈에 시달리는 사람이 너무나 많습니다. 돈이 보상이라고 생각해서 청춘을 바쳤는데 나이 들어 보니 그 모든 게 부질없다고 느껴지는 것입니다.

돈이 기준이 되는 인생이 아니라, 우리가 맺고 있는 수많은 관계가 주는 놀라운 기쁨을 맛보고, 관계와 관계 속에 숨겨져 있는 섭리를 깨달아 가면 인생이 얼마나 풍성해지는지 모릅니다. 동시에 얼마나 살 만한 세상이 되는지 모릅니다. 살 만한 세상은 돈이 아니라 사람이 만들어 가는 것이기 때문에 그렇습니다. 따라서 인간관계야말로 인생의 조건에서 더없이 중요합니다.

인간관계가 수평적이라면 하나님과의 관계는 수직적입니다. 그런데 수평적 관계와 수직적 관계는 서로 떼어 놓고 볼 수 없을 만큼 긴밀하게 연결되어 있습니다. 그리고 모든 관계의 본질은 하나님과의 수직적 관계에 있습니다. 수직적 관계가 건강하면 수평적 관계도 건강하니다. 반대로 수직적 관계가 병이 들면 수평적 관계도 병이 듭니다. 수직적 관계가 풀어져야 수평적인 관계가 순차적으로 풀려 나갑니다.

하나님은 예수님을 보내셔서 먼저 하나님과 우리의 관계를 회복시키셨습니다. 하나님과 우리가 아버지와 자녀의 관계로 회복되게 하기 위해 예수님은 이 땅에 오셨고, 이를 위해 십자가에 달리셨습니다. 즉 십자가는 무엇보다 먼저 수직적 관계를 회복시킨 사건입니다.

성경 인물 중 다윗은 '하나님의 마음에 합한 자'입니다. 우리는 다윗의 삶을 통해 하나님과의 건강한 수직적 관계, 즉 하나님과 화목한 관계로 회복되는 것이 무엇인지를 배울 수 있습니다.

왜 다윗은 하나님의 복을 받았는가?

다윗은 시편의 많은 시를 지은 시인이요, 전사요, 이스라엘의 왕입니다. 하나님의 마음에 흡족한 자라는 칭찬을 들은 위대한 인물이며 그 계보에서 예수님이 태어났습니다. 지금도 다윗은 유대인이 가장 사랑하는 성경 인물입니다.

그런데 다윗 인생의 어두운 면을 보면 실패한 인생이라는 생각이 들 만큼 실망스럽습니다. 충직한 부하의 아내와 간음을 하고 그것이 탄로 날까 두려워 그 부하를 살해한 사람입니다. 자식 교육에 실패해서 아들들 간에 살육전이 벌어지기도 했고, 아들 중 하나가 반란을 일으켜 예루살렘에서 쫓겨나는 신세가 되기도 했습니다. 그의 가정사는 패륜적이며 아주 복잡합니다.

그럼에도 하나님은 다윗을 가리켜 '마음에 합한 자'라고 공언하고 그의 자손을 지키겠다고 하셨습니다. 실제로 북이스라엘 왕의 자리는 반역으로 여러 지파가 난립했으나 남유다 왕은 다윗의 집안에서만 계승되었습니다. 뿐만 아니라 결국 다윗의 집안에서 진정한 왕이신 예수님이 나셨습니다. 신실하신 하나님의 언약이 다윗의 계보를 통해 성취되었습니다.

다윗의 개인사를 보면 우리와 다를 바 없는 연약한 인간인데도 어째서 하나님은 이 같은 복을 주셨던 것일까요? 다윗이 남긴 족적을 추적하며 그가 왜 하나님의 마음에 합한 사람이었는지 살펴보려고 합니다.

성실한 사람

다윗은 이새의 여덟 번째 아들로서 막내였습니다. 고대 근동에서 막내아들로 태어났다는 것은 그 순간부터 넉넉하지 못한 인생을 살아야 함을 의미했습니다. 집안의 재산은 물론 모든 권리가 장자에게 있었기 때문입니다. 이는 다윗이 아버지의 집을 위해 전력을 다해 일해도 그 열매는 맏형에게 돌아간다는 의미입니다.

다윗은 아버지의 재산 중 한 푼도 자신에게 돌아오지 않는다는 걸 알았지만 누구보다 열심히 일했습니다. 양을 치러 광야에 나가서는 사나운 짐승이 달려들 때 목숨을 다해 양 떼를 지켰습니다. 사자와 곰과도 싸워 양들의 생명을 지켰습니다. 다윗의 물맷돌 솜씨는 타의 추종을 불허할 만큼 뛰어나서 골리앗을 단번에 쓰러뜨렸을 정도입니다. 이 기술을 익히기 위해 다윗이 얼마나 열심히 물맷돌 던지는 연습을 했을지 상상해 보십시오. 프로 골

퍼 최경주 선수는 매일 4000타를 치는 훈련을 했다고 합니다. 이영표 선수는 매일 밤 하루도 쉬지 않고 1000번이나 줄넘기를 했다고 합니다. 다윗의 열심도 이와 다르지 않았을 것입니다.

다윗이 잔꾀나 부리는 사람이었다면 적당히 일하고 그 대가를 챙겼을 것입니다. 하지만 다윗은 무슨 일이든 적당히 하는 법이 없었습니다.

이스라엘의 마지막 사사 사무엘이 하나님이 지명한 자에게 기름을 붓기 위해 이새의 집에 왔을 때도 다윗은 양을 치러 광야에 나가 있었습니다. 온 나라가 그 권위를 인정하는 사사 사무엘이 집을 방문한다는데, 다윗은 왜 다른 형들처럼 준비하고 집을 지키지 않았던 것일까요?

다윗의 성실함이 특별했기 때문이고, 아버지 이새가 막내 다윗을 주목할 만한 인물로 보지 않았기 때문입니다. 비록 아버지 이새가 인정해 주지 않는 존재였지만 다윗은 맡겨진 일을 성실하게 수행한 정직한 아들이었습니다.

힘을 써야 할 때와 빼야 할 때를 아는 사람

사무엘은 들에 나가 일하던 다윗을 굳이 불러 기름을 부으며 그가 바로 하나님이 지목한 왕임을 분명히 했습니다. 다윗은 막내이지만 이제 기름 부음을 받은 자입니다. 보통 사람이라면 이 사건으로 태도가 돌변합니다. 한 나라를 책임지는 왕이 된다는 말에 우쭐해져서 거만하게 굴었을 것입니다. 아버지가 양을 치러 광야에 나가라 하면 이제 곧 왕이 될 사람이 언제까지 천한 양치기를 하겠느냐며 내심 거들먹거렸을 것입니다. 하지만 다윗은 기름 부음을 받고도 예전과 똑같이 양을 치러 광야로 나갔고 성실하게 일했습니다.

다윗이 아버지 이새의 심부름으로 형들이 블레셋과 대치하고 있는 전쟁터로 갔을 때, 형들은 다윗을 멸시하며 전쟁을 구경하러 왔느냐고 타박했습니다. 당시에는 전쟁이 일어나면 백성이 스스로 자기 끼니를 챙겨 전쟁터로 나갔습니다. 다윗은 일곱 형의 군량을 배달하는 심부름을 했습니다. 자신들의 끼니를 위해 무겁게 짐을 지고 온 동생에게 형들이 화를 내고 있는 것입니다. 이때 다윗은 아무 말도 하지 않습니다. 억울하기도 하고 화가 나기도 하고 속이 상하기도 해서 불퉁거릴 만한데 다윗은 가만히 듣기만 합니다.

형들은 다윗을 시기하고 질투했습니다. 사무엘이 기름 부은 자가 다윗이었기 때문입니다. 다윗에 대한 말과 태도가 고울 리 없었습니다. 형들의 시기와 질투를 한몸에 받으면서도 형들을 위해 무거운 식량을 들고 온 다윗입니다. 그러고도 좋은 소리를 듣지 못했지만 여전히 한마디 대꾸도 하지 않습니다.

그런 다윗이 블레셋의 장수 골리앗이 도발하는 말에는 불끈 화를 냅니다. 골리앗이 이스라엘을 모욕하더니 하나님까지 조롱하고 모욕하자 다윗의 분노가 폭발합니다. 다윗은 그동안 갈고닦은 돌팔매질 실력을 십분 발휘해 거구의 골리앗을 돌 하나로 쓰러뜨립니다. 어린 다윗이 골리앗을 향해 돌진할 때까지 이스라엘 진영에선 골리앗의 거구에 겁을 먹고 어느 누구도 감히 나서지 못했습니다.

이렇듯 다윗은 힘을 빼야 할 때와 힘을 써야 할 때를 분별할 줄 아는 사람이었습니다. 형들의 조롱과 멸시에는 한마디 대꾸도 하지 않던 다윗이 그보다 훨씬 크고 두려운 존재인 골리앗에게는 돌진하여 본때를 보여 주었습니다. 다윗은 사랑해야 할 대상과 싸워야 할 대상을 분별할 줄 알았습니다. 가족은 사랑해야 할 대상이지만, 블레셋은 싸워야 할 대상이었던 것입니다. 일상에 뿌리를 둔 영성은 이처럼 자기 안에 있는 힘을 조절할 줄 압니다.

바깥에선 예스맨이지만 집 안에선 독재자로 군림하는 사람이 있습니다. 바깥에선 모욕을 당해도 한마디 못하다가 집에 들어와 가족한테 분풀이하는 사람이 있습니다. 힘을 써야 할 때와 빼야 할 때를 분별하지 못하는 사람들입니다. 정치인 중에도 국내에서는 핏대를 세우며 고함을 지르지만 힘 있는 강대국 인사들에게는 굴욕적으로 굽실거리는 사람이 있습니다. 영적인 분별력이 없는 지도자들은 집안 망신, 나라 망신을 시키게 됩니다.

골리앗의 패배는 곧 블레셋의 패배였습니다. 이스라엘은 블레셋과의 전쟁에서 승전가를 부르며 돌아올 수 있었습니다. 다윗은 이제 온 백성의 시선을 한몸에 받는 거물이 되었습니다.

하나님의 권위에 복종하는 사람

다윗이 온 백성의 칭송을 듣자 사울왕의 시기심이 발동합니다. 그는 스스로 이 시기심과 질투심을 이기지 못해 마침내는 다윗을 죽이려고 방방곡곡을 쫓아다닙니다. 국민 영웅이 된 다윗을 죽이기 위해 3천 명의 특공대를 조직합니다. 사울이 하나님 마음에 들었겠습니까? 사울은 왕으로서 나라 안에 들어와 있을지도 모를 블레셋 첩자를 잡는 데 힘을 기울여야 했습니다. 하지만 사울의 관심은 오로지 다윗입니다. 남부 광야지대에 산재해 있는 무수한 동굴들까지 샅샅이 뒤지며 다윗을 잡으러 다닙니다. 한 나라를 다스리는 왕이 질투심에 눈이 멀어 제 나라의 차세대 지도자를 없애려고 혈안이 된 것입니다.

다윗은 오랫동안 도망자 신세가 됩니다. 광야를 헤매고 다니며 언제 끝날지 모를 방랑의 세월을 보내게 됩니다.

그러던 어느 날, 다윗을 쫓던 사울이 용변을 보려고 동굴에 들어갔습니다. 그런데 그 동굴은 마침 다윗이 몸을 피하고 있던 곳이었습니다. 다윗을 따르던 부하들이 하나님이 주신 절호의 기회라며 사울을 제거하자고 입을 모아 말합니다. 그러나 다윗은 하나님이 기름 부은 사람을 죽일 수 없다며 사울을 살려 보냅니다.

> 나는 너를 학대하되 너는 나를 선대하니 너는 나보다 의
> 롭도다 네가 나 선대한 것을 오늘 나타냈나니 여호와께
> 서 나를 네 손에 넘기셨으나 네가 나를 죽이지 아니하였
> 도다 삼상 24:17-18

사울은 하나님이 다윗의 편임을 알고 있었습니다. 그 동굴에서 다윗과 맞닥뜨린 것이 하나님이 다윗에게 주신 기회인 것도 알고 있었습니다. 그럼에도 다윗이 자신을 살려 보낸 것은 다윗이 선하며 의로운 자이기 때문임도 알고 있었습니다. 그러나 사울은 다윗의 의로움을 인정하면서도 돌아서서 다시 다윗을 죽이겠다고 쫓아다닙니다.

다윗은 두 번이나 사울을 살려 보냈습니다. 이유는 한 가지입니다. 하나님이 택하고 세우신 자를 자신이 죽일 수 없다는 것입니다. 다윗은 수많은 전쟁터를 누비고 다닌 실력이 출중한 장수였습니다. 그러니 다윗이 사람

하나를 죽이는 것이 두려워 사울을 살려 보냈을 리 없습니다. 더구나 사울이 누구입니까? 다윗이 언제 어디서나 생명의 위협을 느끼며 10여 년간 광야와 이방 땅을 전전하게 한 원수가 아닙니까? 그럼에도 다윗은 자기감정을 앞세우지 않았고, 자기 힘을 과시하지도 않았습니다. 오직 하나님의 이름을 위하여 원수를 살려 보냈습니다.

다윗은 언제나 하나님의 권위에 순복하는 사람이었습니다. 일상에 뿌리를 둔 다윗의 영성은 이처럼 성숙했습니다.

자기 권리를 포기하는 사람

다윗은 이스라엘 땅에서 목숨의 위협을 피할 길이 없어 절박한 상황에서 블레셋 진영으로 도망을 갔습니다. 얼마 후 블레셋과 이스라엘 간에 전쟁이 일어나자, 블레셋 왕이 다윗을 불러 참전을 요구했습니다. 다윗은 기지를 발휘해 가까스로 참전을 피한 후 그가 살던 시글락으로 돌아왔습니다. 그런데 이게 웬일입니까?

다윗이 부하들과 함께 마을을 비운 사이 아말렉 족속이 쳐들어와 마을을 불사르고 모든 아내와 가족들을 다 끌고 가 버린 것입니다. 당장 쫓아가 여인들을 구해 와야 하는 절대절명의 순간, 부하들은 먼 길을 오느라 이미 지친 상태였습니다. 브솔 시내에서 부하 중 절반이 더 이상 못 가겠다고 주저앉자, 다윗이 나머지 절반을 거느리고 아말렉 족속을 추격했습니다.

마침내 다윗 무리가 아말렉 족속을 쳐서 여인들을 구하고 그들이 약탈해 간 재산을 몰수해 돌아왔습니다. 이때 다윗의 영성이 다시 한 번 빛을 발합니다.

다윗이 전에 피곤하여 능히 자기를 따르지 못하므로 브솔 시내에 머물게 한 이백 명에게 오매 그들이 다윗과 그와 함께한 백성을 영접하러 나오는지라 다윗이 그 백성에게 이르러 문안하매 다윗과 함께 갔던 자들 가운데 악한 자와 불량배들이 다 이르되 그들이 우리와 함께 가지 아니하였은즉 우리가 도로 찾은 물건은 무엇이든지 그들에게 주지 말고 각자의 처자만 데리고 떠나가게 하라 하는지라 다윗이 이르되 나의 형제들아 여호와께서 우리를

보호하시고 우리를 치러 온 그 군대를 우리 손에 넘기셨
은즉 그가 우리에게 주신 것을 너희가 이같이 못하리라
이 일에 누가 너희에게 듣겠느냐 전장에 내려갔던 자의
분깃이나 소유물 곁에 머물렀던 자의 분깃이 동일할지니
같이 분배할 것이니라 하고 그날부터 다윗이 이것으로
이스라엘의 율례와 규례를 삼았더니 오늘까지 이르니라

삼상 30:21-25

아말렉을 끝까지 추격해서 여인과 재산을 찾아온 사
람들이 중간에 추격을 포기한 사람들에게 재산을 나눠 주
지 말자고 고집을 부립니다. 여인들은 돌려주되 재산은
우리끼리 나눠 갖자고 욕심을 냅니다. 이때 다윗이 우리
가 찾아온 재산은 우리 것이 아니라 하나님의 것이니 어
느 누구의 소유물도 아니라고 선언합니다. 하나님의 것을
내 것인 양 욕심 내지 말라는 것입니다. 그러면서 모든 사
람들이 똑같이 나누는 것이 옳다고 설득합니다.

다윗은 여기서 한 걸음 더 나아가 이 전쟁에서 아무
런 공적도 세우지 않은 유다의 장로들에게도 전리품을 나
누어 주었습니다.

다윗이 시글락에 이르러 전리품을 그의 친구 유다 장로들에게 보내어 이르되 보라 여호와의 원수에게서 탈취한 것을 너희에게 선사하노라 하고 **삼상 30:26**

블레셋 땅에 도망자로 들어와 살았으니 그 살림이 넉넉할 리 없었을 것입니다. 그런데도 다윗은 내 힘으로 싸워서 얻은 재산을 남겨 두지 않고 아낌없이 이웃에게 나누었습니다. 그 이웃은 다윗을 선대하지 않았던 자들입니다. 사울왕의 보복이 두려워 한층 더 다윗과 거리를 두었던 이웃입니다. 그러나 다윗은 자기가 대접받고 싶은 대로 이웃을 대접했습니다. 다윗은 참으로 놀라운 영성의 소유자였습니다. 그의 이런 모습을 하나님이 기뻐하셨습니다. 다윗의 이 영성이 바로 우리가 욕심내야 할 진정한 복입니다.

하나님의 소리를 닮는 사람

다윗은 이후 이스라엘의 2대 왕이 되어 나라를 부강

하게 만듭니다. 그런데 말년에 아들 압살롬이 반란을 일으켜 다윗은 피난길에 오르게 됩니다. 기드론 시내를 건넜을 때 시므이라는 사람이 다윗과 그 일행에 돌을 던지며 저주를 퍼부었습니다. 다윗의 충신 아비새가 화가 나서 시므이를 당장 죽이겠다고 하자 다윗이 그를 만류합니다.

> 왕이 이르되 스루야의 아들들아 내가 너희와 무슨 상관
> 이 있느냐 그가 저주하는 것은 여호와께서 그에게 다윗
> 을 저주하라 하심이니 네가 어찌 그리하였느냐 할 자가
> 누구겠느냐 또 다윗이 아비새와 모든 신하들에게 이르되
> 내 몸에서 난 아들도 내 생명을 해하려 하거든 하물며 이
> 베냐민 사람이랴 여호와께서 그에게 명령하신 것이니 그
> 가 저주하게 버려두라 삼하 16:10-11

다윗은 아들조차 반란을 일으켜 내 목숨을 노리는데 과거 사울에게 충성했던 베냐민 지파 사람 시므이가 욕을 좀 하기로서니 그게 무슨 대수냐고 말하고 있습니다. 다윗은 아들 압살롬이 반란을 일으키고 어제까지 충성했던 시므이가 오늘 돌아서서 모욕하는 이 모든 일들에 분노하

거나 절망하지 않습니다. 대신에 그 모든 일에 분명 하나님의 뜻이 있을 것이라고 보았습니다. 하나님의 뜻이 아들의 반란으로 목숨을 위협받고 신하 시므이에게 모욕을 당하는 것이라면 달게 받겠다는 것입니다. 만일 그들의 행동이 부당하다면 그 또한 하나님이 갚아 주실 것이라고 믿었습니다.

다윗은 노년에 아들의 칼을 피해 도망쳐야 하는 비참한 시련을 겪었지만 그는 이미 하나님 중심의 큰 사람이 되어 있었습니다. 그릇이 큰 사람은 종지만 한 사람들이 칭얼거리는 소리를 귀담아듣지 않습니다. 그는 다만 하나님의 소리에 귀를 기울일 뿐입니다.

하나님의 뜻이 기준인 사람

다윗은 비록 여러 가지 사건에서 자신의 연약과 부족을 드러냈지만, 그럼에도 그의 신앙은 하나님 중심이었습니다. 다윗의 신앙이 반듯했던 이유는 하나님과의 관계가 뒤틀리지 않았기 때문입니다. 하나님과의 관계가 발랐다는 것은 다윗이 하나님을 바로 알았다는 의미이기도 합니다.

다윗은 어떤 사건이 벌어졌을 때 하나님의 마음을 헤아려 분별하고 판단했습니다. "내 마음이 이러하니 하나님, 내 마음을 풀어 주세요" 하지 않았습니다. 그는 하나님의 마음을 알았기에 그 마음을 기준 삼았습니다. 신앙은 이처럼 내 마음, 내 욕심, 내 생각을 기준 삼는 것이 아니라 하나님의 마음, 하나님의 뜻, 하나님의 계획을 기준 삼는 것입니다.

하나님을 기준 삼을 때 우리는 세상이 감당할 수 없는 그릇으로 성장하게 됩니다. 처음엔 종지만 한 사람이었을지라도 신앙이 자라면서 세상이 감당하기 힘든 그릇으로 커지는 것이 복 중의 복입니다.

작은 종지는 허구한 날 하나님께 이것 달라, 저것 달라 떼를 씁니다. 내 생각, 내 뜻이 중요하기 때문입니다. 그러나 그릇이 커지면 하나님의 뜻, 하나님의 계획, 하나님의 섭리, 하나님 나라를 거기에 담습니다. 그 순간 종지만 한 나는 사라지고 하나님을 닮은 큰 사람이 모습을 드러내게 됩니다.

일생 동안 시련이 없는 게 복이 아닙니다. 시련과 고난이 아무리 커도 그것보다 더 큰 그릇이 되는 일이 중요합니다. 이것이 신앙이 추구하는 복이요 신앙인이 소유한 진정한 복입니다. 이것저것을 채워 달라고 밤낮 울고불고 하는 게 아니라, 나를 비난하고 미워하는 자를 용서하는 것이 복입니다. 분노해야 마땅하지만 그에게 묶이지 않고, 복수하겠다는 일념에 매이지 않고 전심을 다해 하나님을 사랑하고 의지하며 하나님 나라를 바라는 것이 신앙입니다.

> 다윗을 왕으로 세우시고 증언하여 이르시되 내가 이새의 아들 다윗을 만나니 내 마음에 맞는 사람이라 내 뜻을 다 이루리라 하시더니 행 13:22

사도 바울이 다윗을 이렇게 평가했습니다. 그리고 놀라운 사실을 발견했습니다.

> 하나님이 약속하신 대로 이 사람의 후손에서 이스라엘을 위하여 구주를 세우셨으니 곧 예수라 행 13:23

예수님이 다윗의 자손으로 이 땅에 오셨습니다. 이는 하나님이 이미 다윗에게 약속하신 일입니다. 바울은 다윗이 받은 축복이 바로 이것임을 깨달았습니다. 그러나 당시 많은 유대인들은 다윗의 영광이 다시 실현되기를 고대했습니다. 다윗이 받은 축복이 아니라 다윗 시대가 누렸던 통일 이스라엘의 국부와 국력이 재현되기를 바랐던 것입니다.

다윗이 왕이 된 뒤 자신은 왕궁에서 호의호식하는데 하나님은 여전히 장막에 거하는 것이 마음에 걸렸습니다. 내내 불편한 마음을 갖고 있다가 하나님의 집을 짓기로 결심했습니다. 그러나 하나님이 나단 선지자를 다윗에게 보내 오히려 "내가 네 집을 지을 것이다" 약속해 주셨습니다. 예수님은 이 언약의 토대 위에서 다윗의 자손으로 이 땅에 오셨습니다.

이 언약은 하나님과 바른 관계에 있는 모든 크리스천에게 해당하는 언약입니다. 다윗의 가문을 왕의 가문으로 만드신 하나님이 우리 집안을 하나님의 뜻에 합당한 집안으로 만들어 가실 것입니다.

나 하나 잘살자고 기도하지 마십시오. 내 뜻 이뤄 달

라고 떼쓰지 마십시오. 예수님을 모르는 세상 사람도 그렇게 좁은 종지처럼 살지 않습니다. 먼저 하나님의 마음에 합한 사람이 되십시오. 먼저 하나님의 나라와 하나님의 의를 구하십시오. 이것이 진정한 복입니다. 하나님의 마음에 합한 사람은 하나님과 바른 관계를 맺고 하나님을 누구보다 잘 알아 그분의 뜻과 계획을 기준으로 살아갑니다. 곧 진리 안에서 자유하는 삶입니다.

Q. 오늘날 '하나님의 마음에 합한 사람'으로 사는 게 어떤 것일까요?

션, 정혜영 부부가 이 시대의 '하나님의 마음에 합한 사람들'이라고 생각합니다. 그들은 다윗처럼 세상이 감당할 수 없는 그릇을 가진 사람들입니다. 사실 션은 가출 소년이었습니다. 분노가 많은 사람이었지요. 그러나 하나님을 만난 뒤 그 분노가 완전히 치유되었습니다. 션은 '하나님께서 나를 사랑하셨다'는 걸 깨달은 뒤 자신을 재발견하게 되었습니다. 그러자 그의 시선은 이웃을 재발견하는 데 이르렀습니다. 이들 부부가 지금까지 기부한 금액이 40억 원이 넘는다고 합니다. 그럼에도 이들은 자기 소유의 집이 없습니다.

이 부부가 사는 모습은 많은 사람을 부끄럽게 만듭니다.

이 부부는 지금까지 단 한 번도 부부싸움을 한 적이 없다고 합니다. 30년 가까이 다른 집에서 다른 문화 속에서 살다 부부가 되었는데 어떻게 싸울 일이 없을 수 있습니까? 그런데 션은 도리어 싸울 일이 뭐가 있느냐고 되묻습니다. 나와 다른 부분이 발견되면 그것을 인정하면 그만이라는 겁니다. 아침에 잠에서 깨면 '오늘 우리 부부가 결혼한 지 며칠째이구나' 하며 감사한다고 합니다.

이들 부부는 기부를 하기 위해 여러 행사를 엽니다. 그때마다 오른손이 한 일을 왼손이 모르게 하는 것이 예수님의 가르침인데 어째서 왼손까지 알리느냐고 비난하고 모욕하는 사람이 있다고 합니다. 션은 남을 도울 수만 있다면 오해받고 비난받고 욕먹어도 괜찮다고 말합니다. 어느 누가 욕먹으면서까지 기부를 하겠습니까? 그런데 그까짓 것 아무 상관이 없답니다. 세상이 감당하지 못하는 사람들 아닙니까?

이들 부부를 보면 하나님을 제대로 만난 사람은 저렇게 사는구나 싶습니다. 하나님을 만나는 것은 이처럼 인생의 뿌리조차 바꾸어 놓는 놀라운 일입니다. 이것이야말로 하나님이 주시고자 하는 진짜 복입니다.

이렇게 하나님을 만나 인생이 바뀐 사람들이 사는 세상이 우리가 변화시키고자 하는 세상의 모습 아닙니까? 정치인들이 말하는 변혁이나 혁명이 세상을 변화시킬 수 있다고 믿으십니까? 잠시 변화를 가져올 수 있을지 모르지만 그 때문에 생긴 또 다른 상처가 곪게 되고 그러면 다시 변혁과 혁명을 부르짖는 소리가 나오기 시작할 것입니다. 악순환입니다.

저는 하나님이 하나님의 사람들을 통해서 세상을 치유하고 회복시킨다고 믿습니다. 우리가 받은 은혜의 풍성함이 세상에 흘러가 세상의 고통을 치유하기를 바랍니다.